全国28大学
「敬語・面接・日本語」カリスマ講師
唐沢 明

敬語で日記を書いてみよう

書いて覚える敬語練習帳

さくら舎

はじめに

敬語で日記を書いて、
自分磨きをしよう！

私は、大学で敬語・面接・日本語などの講師として教鞭を執りながら、作家として、著書もいくつか執筆しております。

しかし、もともとは、敬語や日本語が大の苦手でした。
ただ１つだけ、小学１年生から大学４年生までの 16 年間、毎日継続していた習慣がありました。
それは、「寝る前の５分日記」です。「継続は力なり」と言いますが、私の場合、日々楽しい出来事だけではなく、辛いことや悩みのはけ口にもなっていました。日記が「寝る前の自分との対話」の時間になり、前向きに取り組んで書いていたので、継続したのだと思います。
日記を書く⇒毎日を大切に生きる⇒目標ができる⇒楽しくなる⇒日々継続できる……という好循環サイクルになっていくのです。

そうした長年の日記を書く習慣によって、漢字、言葉遣いを学び、自身の日本語力を磨くことができました。

それでは、その毎日の日記を「敬語」で書いてみたら、どのような効果が得られるでしょうか。

毎日少しずつでも、日々の振り返りや、明日の予定などを敬語で書いてみると、敬語を無理なく習得することができます。書く練習によって、話すこともできるようになります。

敬語を書く練習によって得られるものは、敬語を書く力・話す力の向上だけではなく、コミュニケーション能力を高めることにもつながります。

敬語を無理なく使うことができると、人間性が豊かで、仕事のできる人と見られることになり、円滑なコミュニケーションを築くことができるなど、多くのメリットがあるのです。

敬語の上達は「習うより慣れよ」です。

今日から、毎日少しずつでも、日記帳・手帳に敬語を書き、自分磨きをしていきましょう！

2014 年 11 月

唐沢《からさわ》　明《あきら》

目次●敬語で日記を書いてみよう

第1章　敬語の日記の書き方

敬語の日記を楽しく、長く続けられる秘訣 ―― 22

“敬語の日記”文例集 76 ―― 25

COLUMN ～ MY DIARY のつくり方！～ ―― 66

第2章　毎日の敬語

FOR YOU DIARY編

×は本文参照

人と出会う ―― 68

○ぜひ一度お目にかかりたいです

◎お手すきの時間がございましたら

（相手が）会う ―― 69

○お会いになる

◎ご面識がおありになる

あげる ―― 70

○差し上げる

◎よろしかったらいかがですか

謝る（失礼を） ―― 70

○申し訳ない

◎認識不足
案内する ―― 71
○ご案内いたします
訪問する ―― 72
○伺《うかが》う
◎伺わせていただく
言う（相手が） ―― 72
○おっしゃる
◎ご指摘の通り
いない ―― 74
○おりません
◎外しております
いるか ―― 74
○いらっしゃいますか
◎お願いできますか
受け取る（相手が） ―― 76
○お受け取りください
◎お納めになる、ご査《さ》収《しゅう》ください
送る ―― 76
○お送りする
◎送付させていただく
教える ―― 77
○ご説明する
教えてもらう ―― 78
○教えていただく
◎お力《ちから》添《ぞ》えをいただく
帰る（自分が） ―― 78

○失礼する
◎お暇《いとま》する
帰る（相手が） —— 80
○お帰りになる
◎お戻りになる
書く —— 80
○書かせていただく
借りる —— 81
○拝借する
◎拝借できれば幸いです
聞く（自分が） —— 82
○伺う
◎お耳に入れておきたい
聞く（相手が） —— 82
○お聞きになる
気にする（相手が） —— 83
○お気になさらず
◎行き届いたお心配り
来てもらう —— 84
○お越しいただく
◎ご足労《そくろう》願う
着る（相手が） —— 84
○お召しになる
◎お召し物
気に入る（相手が） —— 85
○お気に召す
来る（相手が） —— 86

○おいでいただく
◎お呼び立ていたしまして
断る（誘いを） ―― 86
○伺《うかが》えません
◎せっかくお誘いくださいましたのに
ごちそうになる ―― 88
○おもてなしをしていただく
◎思わぬ散財《さんざい》をおかけいたしまして
断る（任務を） ―― 88
○難しいと感じる
◎とてもその任《にん》ではございません
参考になる ―― 90
○大変勉強になる
質問する ―― 90
○質問させていただく
亡くなる ―― 90
○お亡くなりになる
◎息をお引き取りになる
する（相手に） ―― 92
○させていただく
◎勝手ながらやらせていただきます
知っている ―― 92
○ご存知《ぞんじ》
知らない ―― 93
○認識不足
◎若輩者《じゃくはいもの》

〜する（自分が） —— 94
○させていただく
説明する —— 94
○ご説明させていただく
揃《そろ》う（お客様が） —— 94
○お揃いになる
相談する —— 95
○ご相談する
◎お考えを聞かせていただく
助けてもらう —— 96
○ご協力ください
◎お力添えをいただく
食べる —— 96
○いただきます
◎ごちそうになります
〜できない —— 97
○いたしかねます
連れてくる —— 98
○お見えになる
伝言する —— 98
○申し伝える
伝言を頼む —— 99
○伝言をお願いする
◎おことづけをお願いする
寝る（相手が） —— 100
○お休みになる
◎ご就寝なさる

乗る（相手が） ―― 100
○お乗りになる
待つ（お客様を） ―― 101
○お待ちする
◎お待ち申し上げる
見る（相手が） ―― 102
○ご覧になる
◎お目《め》通《どお》しいただく
見る（自分が） ―― 102
○見せていただく
◎拝見する
迎える ―― 103
○お迎えにあがる
迷惑をかける ―― 104
○ご迷惑をおかけする
持つ（相手が） ―― 104
○お持ちになる
◎お持ちいただける
持っていく（自分が） ―― 105
○持参する
もらう ―― 106
○いただく
◎頂戴《ちょうだい》する
休む ―― 106
○休みをいただく

呼び出す ―― 107
○お呼び立てする
◎ご足労《そくろう》いただく
読む ―― 108
○拝読《はいどく》する
連絡をもらいたい ―― 108
○ご連絡をお待ち申し上げる
◎ご一報《いっぽう》ください
連絡する ―― 109
○ご連絡差し上げます
忘れる（相手が）―― 109
○ご失念
◎ご多忙のため

FOR ME DIARY編　×は本文参照

謝る（失礼を）―― 110
○申し訳ない
◎お詫びの言葉もございません
言う ―― 110
○申す
◎申し上げる
忙しい ―― 111
○慌ただしい
祝う ―― 112
○おめでとうございます
◎心よりお祝い申し上げます

嬉しく思う ―― 112
○うれしゅうございます
◎光栄に存じます
思いつかない ―― 114
○考えが足りない
◎考えが及ばない
思う ―― 114
○存じる
お礼を伝える ―― 115
○ご指導のおかげ
◎お力添えのおかげ
感謝する ―― 116
○心よりお礼申し上げます
◎お気遣いいただき、恐縮《きょうしゅく》です
感謝する（ほめてもらって） ―― 116
○おほめにあずかり
◎もったいないお言葉
頑張る ―― 118
○ご期待に添《そ》えるよう頑張ります
◎努力します
元気が出る ―― 118
○励みになります
◎身に余るお言葉を頂戴いたしまして
謙遜《けんそん》する ―― 120
○恐縮《きょうしゅく》です
◎痛み入ります

困る ―― 120
○困惑している
◎苦慮《くりょ》している
残念に思う ―― 122
○不本意《ふほんい》でございます
◎遺憾《いかん》に存じます
同意する ―― 122
○ご意見に賛成です
納得できない ―― 123
○納得しかねる
反省する ―― 124
○深く反省する
◎不徳のいたすところ
恥ずかしく思う ―― 124
○お恥ずかしい限り
◎面目《めんぼく》次《し》第《だい》もございません
許してもらう ―― 126
○お許しください
◎ご容赦《ようしゃ》賜《たまわ》りますよう
わかる ―― 126
○お察しします
わからない ―― 127
○わかりかねる
◎判然《はんぜん》としない

第3章　ビジネスシーンの敬語

×のみ記載。○は本文参照

第４章　時候の挨拶

第5章　敬語の基本のおさらい

敬語で日記を
書いてみよう

書いて覚える敬語練習帳

第１章

敬語の日記の書き方

まずは、敬語の日記を書くための
第一歩をふみ出しましょう。
毎日、少しずつでも
書き続けることが大切です。

敬語の日記を楽しく、長く続けられる秘訣

STEP①②

敬語の日記を楽しく、長く続けるための“４つのステップ”をご紹介します！

STEP① 日付と対象者を入れましょう！

月・日（曜日も）を入れ、敬語を使う対象者（上司に、部下に、社外で、社内でなど）を入れましょう。

STEP② 敬語日記は、まずは、「３行日記」から始めよう！

「本日は課長が出張でした」「本日は企画書をまとめました」「中居様から新商品の発送ミスでクレームをいただきました」「本日は体調不良で15分遅刻しました」など１行目で結論を書き、その後、詳細、具体的な説明をしていきましょう。３行で書く練習が、要点をまとめるトレーニングになりますので、「結論・説明・補足」「前菜・主菜・デザート」「フリ・主題・オチ」のように自分が日記を書きやすい、続けやすい文章パターンを決めておきましょう。

３行日記に慣れてきたら、５行日記、10行日記、１ページ日記と行数を増やしていきましょう。

敬語が苦手、敬語を使ったコミュニケーションに自信がない人でも基本ポイントをマスターすれば、敬語デビューできます。

敬語の日記を楽しく、長く続けられる秘訣

STEP③

STEP③「敬語日記デビュー」をするための基本ポイント

敬語の日記を始めるために押さえておきたい基本的なポイントを、以下、述べます。

・主語を「私」にする　　　僕・オレ・自分＝×
・語尾を「です」「ます」「ございます」に丁寧な言葉で統一する
・名詞に「お」「ご」など丁寧な言葉にする工夫をする

主語「私」　＋　＜お・ご＞名詞　＋　です。ます。ございます。

★和語＝お（訓読み）……お金、お車、お寿司、お荷物、お手洗い、お天気、お手紙、お答え
★漢語＝ご（音読み）……ごはん、ご家族、ご相談、ごちそう、ご心配、ご回答
★その他……お冷や
★外来語・公共物・動植物には「お」をつけない。
……タクシー、ビール、ジュース、ボールペン、ジーンズ

敬語の日記を楽しく、長く続けられる秘訣

STEP④

STEP④ 敬語には、赤マーカー線を！

敬語日記で、これが覚えるべき敬語だ、と思ったら、翌日に赤マーカー線を引いて、その部分をマスターしましょう。まさに「試験に出る敬語」のように、「仕事で使う敬語」に直結しますね。

書いたら、音読をして、赤マーカー線の敬語を覚える。その後、読んで聞いて覚える。視覚、聴覚、触覚など、とにかく五感をフル活用して、カラダ全体を使い、覚えておきましょう。

色ペン、カード、タイトルネーム、ノートサイズ、印マークなど、お気に入りの自分モードで楽しく日記を書いていけば、長く続けられますね。

――「継続は力なり」です。

次ページより始まる、“敬語の日記”の文例集を参考にして、今日からあなたも、敬語の日記をはじめてみましょう！

○月○日（上司に）　**謝る（ミスを）**　☑

本日は納期が遅れてしまい、ご迷惑をおかけしました。関係者の皆様に多大なるご迷惑をおかけし、申し開きのしようもありません。
関係者の皆様に**陳謝**いたしました。

Point
ビジネスシーンで謝る時は、「陳謝《ちんしゃ》」という最上級の謝罪フレーズを使おう。

○月○日（上司に）　**思う**　□

木村課長はお休みだと**存じて**おりましたが、
急遽トラブルのためお電話差し上げました。
ご丁寧に対応していただき、感謝申し上げます。

Point
「思う」の謙譲語「存じる」を使って自分をへりくだること。

○月○日（上司に）　**名誉に思う**　□

社長から「今月は頑張って売り上げを伸ばしたね」とおっしゃっていただきました。
大変、**光栄に存じます**。
来月も仕事に邁進してまいります。

Point
「光栄」は名誉に思うことを意味する。目上の人などからほめられたときによく使われる。

○月○日（上司に）　**お礼を伝える**　□

１年かけたプロジェクトが無事に終わりました。
中居部長の**ご指導のおかげ**でございます。
将来、中居部長のようなリーダーになりたいという目標ができました。

Point
お礼のフレーズでは、相手を立てた表現を心がけよう。

○月○日（上司に）　**感謝する**　□

本日の午後に社内コンペの件で呼び出されました。
木村課長から**おほめにあずかり恐縮しました**。
苦手な部分を克服し、後輩の手本となるような仕事を行いたいです。

Point
目上の人にほめてもらった際は「あずかり」という敬語を使って、感謝を表す。

○月○日（上司に）　**気に入る（相手が）**　□

本日は大事なお取引様とお会いする日でした。接待のお店選びに力を注ぎました。
社長が**お気に召して**くださり、大変嬉しく思います。

Point
「気に入る」の尊敬語は「お気に召す」。丁寧な言葉使いを心がけて。

○月○日（上司に）　**元気が出る**　□

木村課長からかけていただいた言葉が**励みになりました。**
尊敬できる稲垣先輩と巡り合えて、「この方の下で懸命に働きたい」と思った１日です。

Point
「励みになる」は、やる気の源《みなもと》になるという意味。励みになった出来事を具体的に表現すると尚よい。

○月○日（上司に）　**ごちそうになる**　□

本日は社長と会食しました。
社長に、**思わぬ散財をおかけいたしました。**
貴重なお話をお伺いでき、有意義な時間でした。

Point
高級店でごちそうになった際など、出費に見合ったフレーズを使えるようにしよう。

○月○日（上司に）　　**恥ずかしく思う**　□

社長が提案されたイベントを誤認して伝達してしまいました。
面目次第もなく、皆様に顔向けができません。今後このようなことを繰り返さないよう、肝に銘じます。

Point
「面目《めんぼく》次第《しだい》もない」の意味は、「恥ずかしくて顔向けができない」。

敬語練習帳

月　　日（　）

○月○日（上司に）　**知る（相手が）**　□

木村課長は、昨日のクレームについて**ご存知**ではありませんでした。課長の手をわずらわせてしまいましたこと、猛省しております。
次回からは恥をかかすことのないよう、逐一の報告を欠かしません。

Point
「ご存知」は「知る」の尊敬語。謙譲語の「存じ上げる」としっかり区別をつけて覚えよう。

○月○日（上司に）　**乗る（相手が）**　□

社長が**お乗りになった**タクシーがホテルに到着しました。
ロビーでお出迎えしたところ、感謝してくださいました。

Point
「お乗りになる」は「乗る」の尊敬語。ちなみに「お乗りになられる」と表現すると、尊敬の助動詞「れる」がついて二重敬語になるのでNG。

○月○日（上司に）　**連絡する**　□

「香取様がいらっしゃいました」と課長に**ご連絡を差し上げました。**
課長がすぐに対応してくださったので、お客様をお待たせすることはありませんでした。

Point
「〜を差し上げる」という表現ができる単語には、謙譲語の「お・ご」をつけてよい。

○月○日（上司に）　**呼び出す**　□

社長に**ご足労いただき**、□□社との取引も無事に終わりました。
ご担当者様も大変ご満悦の様子でした。来期の契約も、弊社で決めていただけそうな雰囲気でした。

Point
「わざわざお越しいただく」という意味の「ご足労」を使って敬意を込めよう。

○月○日（先輩に）　　言う（自分が）　□

稲垣先輩に「会議の資料は揃っている？」と聞かれました。
「明日までには間に合う予定です」と**申し上げました。**

Point
「言う」の謙譲語。最低限マスターしておきたい基本の敬語表現。

○月○日（先輩に）　　いない　□

会社に旅行土産を持参いたしました。
しかし、稲垣先輩は**席を外していらっしゃいました。**
メモに一言を添えて、デスクに置かせていただきました。

Point
「〜はいません」では子供っぽい。「席を外す」は電話でもよく使われるフレーズ。

○月○日（先輩に）　**思いつかない**　□

「なにかよいアイデアはない？」と稲垣先輩がおっしゃいました。**考えが及ばない**ため、次週まで待ってくださるように依頼しました。
思いついたことをメモしておく習慣が必要だと痛感した日です。

Point
「思いつかない」では頼りないイメージを与える。言い換えを使ってカバーしよう。

○月○日（先輩に）　**借りる**　□

インクが切れてしまったため、中居先輩にペンを**拝借しました**。
日頃から予備を用意しておく必要性を再認識いたしました。

Point
「拝借《はいしゃく》」そのものが謙譲語。謙譲表現の「ご」をつけて、「ご拝借」と二重敬語にしないこと。

○月○日（先輩に）　**感心する**　□

中居先輩がお客様との取引方法を教えてくださいました。
勉強になることばかりで、刺激になります。私もいつか先輩のような存在になりたいです。

Point
目上の人を賞賛することは難しいもの。相手を立てた表現を意識すること。

○月○日（先輩に）　**断る（任務を）**　□

中居先輩より次期プロジェクトリーダーを任命していただきました。よく考えさせていただきましたが、ご遠慮申し上げることになりました。
そのため、**「とてもその任ではございません」**とお伝えしました。

Point
断りのフレーズはやんわりと伝えることがポイント。「できない」など、きつい表現は避けよう。

○月○日（先輩に）　**聞く（自分が）**　□

退職された木村先輩がご結婚されることを**伺いました。**

「ご結婚、心より祝福いたします」と手紙を差し上げました。先輩の晴れ舞台に参加できることがうれしいです。

Point

「伺う」は「聞く」の謙譲語。「拝聴する」も「聞く」の謙譲語なので覚えておこう。

敬語練習帳

月　日（　）

〇月〇日（先輩に）　**知らない**　□

木村先輩に、昨日のミスについてご指導いただきました。
私の**認識不足**のため、大勢の方にご迷惑おかけしたことを深く反省しております。

Point
解釈の違いで迷惑をかけた際に使うフレーズ。「認識不足」、「確認不足」、「勉強不足」など。

〇月〇日（先輩に）　**～する**　□

香取先輩の送別会の幹事を**いたしました**。
新天地でのご活躍をお祈りいたします。

Point
「させていただく」を使うと、過剰な敬語表現と受け取られる可能性があるので注意。

○月○日（先輩に）　**同意する**　□

中居先輩のアイデアについて意見を求められたため、**「ご意見に賛成です」**とお伝えしました。斬新で画期的なアイデア、恐れ入りました。

Point

「賛成だ」を「賛成です」と丁寧語にして、敬意を表現してみよう。

○月○日（先輩に）　**真似できない**　□

稲垣先輩のフォローがなければ万事休すでした。**とうてい真似できません。**

Point

「とうてい」はあとに打ち消し語を使えば、「どうやってみても」と表現を強調できる。

○月○日（先輩に）　**見る（自分が）**　□

木村先輩が作成された資料を**拝見しました**。
きめ細やかな書類に感銘を受けました。

Point
「拝見させていただく」だと二重敬語になり、NG作法。「拝聴する」、「拝読する」も同様。

○月○日（同期に）　**～だ**　□

私が手に取ったのは、同期の香取くんが作成した資料**でした**。
趣向を凝らした資料で、内容に興味が持てました。

Point
敬語の使い方が難しい同等の立場の人には、とにかく丁寧な表現を心がけて。

○月○日（同期に）　～する　□

香取さんに書類を提出**しました**。
「印鑑をお願いします」と言われたので、押印しました。

Point
「～する」は敬体にすると「～します」になる。印鑑は、ご印鑑でも可。

○月○日（同期に）　～による　□

同期入社の中居くん**によります**と、詳細は明日発表とのことです。
明日が待ち遠しいです。

Point
「～によります」という表現でビジネス表現を UP させる。

○月○日（先輩に）　「希望されて」　□

木村さんは研修を**ご希望**されていたので、用紙に必要事項を書いてもらいました。

Point

この場合、「希望する」のは目上の相手。接頭語の「ご」を付けよう。

○月○日（同期に）　「酒」　□

「香取くんは、**お酒はお好き**ですか？」と聞きました。

「皆さんで飲むお酒が特に好きです」と返事がきました。

Point

「酒」に「お」をつけることで美化語になり、上品な印象を与える。

○月○日（社外に）　**案内する**　□

□□社の所長がご来社され、会議室に**ご案内いたしました。**

マナー講座で学んだ接客の仕方を活かすことができました。

Point

来客対応でもよく使われる。接客の仕方で会社の印象も変わるので、適切な敬語を。

敬語練習帳

月　　日（　）

○月○日（社外に）　行く　□

営業先の書店に**お伺いしました**。
弊社の出版物を大々的に陳列してくださいました。さらに売り上げが伸びるよう、随意努力いたします。

Point
二重敬語としてNGと思われがちだが、習慣として定着しているため許容されている表現。

○月○日（社外に）　受け取る（相手が）　□

先方から商品到着のメールが届きました。
お受け取りになる時期を想定し、発送したことが功を奏しました。
次回もスピーディに発送していきます。

Point
「受け取る」の尊敬語。また、謙譲語は「拝受《はいじゅ》する」なので併せて覚えておこう。

○月○日（社外に）　**帰る（相手が）**　□

稲垣様が**お帰りになる**時に、雨が降り出しました。
急きょ、タクシーを手配いたしました。
とても感謝してくださり、恐縮です。

Point
「お帰りになられる」では二重敬語なので間違えないように。

○月○日（社外に）　**気にする（相手が）**　□

本日まで体調不良で休んでおりました。
社内メールに先方様より、私の体調をお気遣いいただくメールが届いておりました。
行き届いたお心配りに感謝申し上げます。

Point
「行き届いたお心配り」は相手の気配りを意味する。

○月○日（社外に）　**来る（相手が）**　□

こちらからお伺いしようと考えていたところ、先方から**おいでいただきました**。
貴重なお時間をいただき、申し訳ない気持ちでいっぱいです。

Point
「来てもらう」の尊敬語。足を運んでくれた相手には、感謝の言葉を添えよう。

○月○日（社外に）　**困る**　□

お客様からクレームのお電話をいただきました。
こちらで対応いたしかねる案件のため、**苦慮している**次第です。

Point
「苦《く》慮《りょ》する」と表現すれば、困っている状態を強調することができる。

〇月〇日（社外に）　**助けてもらう**　□

□□社には重ねてのお願いにも応じていただけず、困惑しておりました。香取様に**お力添えをいただいた**結果、トラブルが解決しました。
このご恩は一生忘れません。

Point
目上の相手の助力が欲しい時は「お力添え」と表現しよう。

〇月〇日（社外に）　**伝言を頼む**　□

中居様がいらっしゃらなかったので、**おことづけをお願いしました。**
電話口の方が丁寧に対応してくださり、スムーズに事が運びました。

Point
「伝言」をビジネス敬語に言い換えると、「おことづけ」となるのが基本。

○月○日（社外に）　**納得できない**　□

お取引先様から商品の不備について、お電話がありました。
納得しかねる点を社内で検討し、ご説明しました。
今後の見通しが立たず、どうしたものかと苦慮しております。

Point
「～できません！」という表現は角が立ちやすいので、使わない方がよい。

○月○日（社外に）　**迷惑をかける**　□

□□社様には**ご迷惑をおかけし**、面目次第もございません。
今後はこのようなことのないよう、十分に気をつけます。

Point
トラブルを最小限に留めるために、謝罪の言葉は先に述べること。

○月○日（社外に）　**もらう**　□

お客様の声を**頂戴しました。**
弊社にないアイデアばかりで、大変勉強になります。

Point
「頂戴する」でよく使われる間違いは「お名前を頂戴する」。「お名前を教えていただく」が正しい表現。

敬語練習帳

月　日（　）

○月○日（社外に）　**わからない**　□

ご指摘いただいた内容で**判然としない**部分がございまして、メールでおたずねいたしました。
御返信をいただいたおかげで、理解いたしました。

Point
「はっきりと理解することができない」という意味の「判然としない」を使おう。

○月○日（社外に）　**忘れる（自分が）**　□

稲垣様の下のお名前を**失念して**しまいました。
失礼ではない聞き方を調べました。

Point
「忘れた」では頼りない印象に感じる。「失念」はビジネス敬語で頻出するので覚えておこう。

○月○日（上司に）　**会う（自分が）**　□

明日、Ａ社の常務と**お会いします**。
打ち合わせの書類を大至急揃え、明日に備えさせていただく所存です。

Point
尊敬語の「お会いになる」と間違えないように。
謙譲語の「お会いする」を使おう。

○月○日（上司に）　**一緒に行く**　□

社長が「日曜日、ゴルフに行かないか？」とお誘いくださいました。
「ご同行させていただきます」とお伝えしました。
社長からお誘いいただき、うれしく存じます。

Point
「ご一緒する」では丁寧さに欠ける。同じく「お供させていただく」とも言い換えられる。

○月○日（上司に）　**断る（誘いを）**　□

木村課長が**せっかくお誘いくださいましたのに、**
明日は会議が入ってしまいました。
別日程で調整可能か確認したいと思います。

Point
角が立たない言い回しで断ろう。「残念ですが」などのクッション言葉もよく使われる。

○月○日（上司に）　**する**　□

恐縮ながら、社長インタビューを**させていただく**こととなりました。
失礼のないよう、しっかりとした敬語でおたずねしたいです。

Point
「やらさせていただく」という言葉にならないように注意。

○月○日（上司に）　**伝える**　□

本日は木村課長が丸一日、席を外されていました。
明日の早朝、取引結果を**申し上げる**予定です。

Point
自分が上司に直接伝える場合は「申し上げる」。社外の人に対して、社内へ伝えると発言したい時は「申し伝える」を使おう。

○月○日（上司に）　**連れてくる**　□

明日は社長を会場まで**ご案内する**予定です。ご多忙かと存じますが、足を運んでくださるとのことで感激しております。
気持ちのよいパーティになるように、心を込めてお迎えにあがります。

Point
「お連れする」だと、同等か目下の人に使う言葉なのでNG。

○月○日（上司に）　見る（相手が）　□

本日、作成した書類をまとめました。
明日は木村課長に**お目通しいただく**予定です。

Point
「お目《め》通《どお》しください」で、中身まできちんと確認してほしい依頼を表す。

○月○日（上司に）　読む　□

明日は社内報の発行日です。
社長のインタビュー記事を**拝読する**のが楽しみです。

Point
「拝読する」は「読む」の謙譲語です。意味をしっかり理解しながら使おう。

○月○日（先輩に）　**いる**　□

明日まで、稲垣先輩が地元の神奈川に**いらっしゃいます**。
小田原城を見学したいとのこと。
しっかり観光案内できるように、歴史の勉強をする予定です。

Point
尊敬語の「いらっしゃる」を使って敬意を表そう。

○月○日（先輩に）　**教えてもらう**　□

残業をして資料を作成しました。しかし、勉強不足のためわかりかねる部分があります。
中居先輩に**お力《ちから》添《ぞ》え**いただけないかお願いしてみます。
よりよい企画になるよう努力をしていく所在です。

Point
「手助け」や「協力」を意味する「力添え」を謙譲語にして、目上の人へサポートを仰ぐ表現。

○月○日（先輩に）　**帰る（自分が）**　□

明日、香取先輩に二次会に誘われるかと思います。
明後日は予定があるため、**お暇《いとま》する**予定です。
失礼のない態度でお伝えできますように。

Point
「失礼する」も同様に使える謙譲表現なのでマスターしたい。

○月○日（先輩に）　**聞く（相手が）**　□

僕の転勤を木村先輩が**お聞きになり**、花束をくださいました。先輩のお心遣いに、ただただ感謝の気持ちでいっぱいです。
これまでに教えていただいた知識を活かし、邁進します。

Point
「聞かれる」より「お聞きになる」の方がより丁寧な印象になる。

○月○日（先輩に）　**質問する**　□

計画通りに進めるため、木村先輩に**質問させていただく**予定です。
お忙しい先輩の負担にならぬよう、要点をまとめたいと思います。

Point
「させていただく」は基本的に、相手の了解を得る動作に対してつける。謙虚さをアピールしようと「させていただきます」を多用しないように。

○月○日（先輩に）　**相談する**　□

香取先輩はいつも的確なことをおっしゃいます。
企画書について、**お考えを聞かせていただきたい**です。

Point
「考え」を「お考え」に直して丁寧に伝える。

○月○日（先輩に）　**持ってくる(自分が)**　□

中居先輩の代わりに企画書を**持参する**予定です。
忘れないように、すでに鞄にしまってあります。

Point
「持ってくる」ことをへりくだりたい場合、言葉そのものに謙譲の意味がある「持参」を使おう。

○月○日（先輩に）　**休む**　□

「休ませていただいてもよろしいでしょうか？」
とお伝えしたところ、
稲垣先輩が快諾してくださり、帰郷することができました。

Point
自分の行為に「お休み」としないこと。許可を求める疑問系にすることで、相手の意思を確認したいという気持ちを込められる。

○月○日（同期に）　～だろう　□

木村さんの異動先は、千葉県になる**でしょう**。
木村さんが異動になるまでの間、たくさんの想い出を作ろうと思います。

Point
「～だろう」を敬体の「～でしょう」に改める。

○月○日（同期に）　「名前」　□

稲垣さんの下の**お名前**は何と読むのか、明日聞く予定です。
これから一緒に働く仲間なので、全員の顔と名前を早く覚えたいです。

Point
表現の上品さを上げる美化語を使って言い直すと好感度も上がる。

○月○日（同期に）　「昼」　□

明日は香取くんと社員食堂で**お昼**を食べる予定です。
お気に入りのメニューがあれば嬉しいです。

Point
この他に「お」をつける美化語の例は、「お天気」「お食事」などがある。

○月○日（同期に）　「連絡」　□

中居さんに、金曜日の集合場所を**ご連絡**する予定です。
メールアドレスを知らないので、知っている人に聞いてみます。

Point
この他に「ご」をつける美化語の例は、「ご気分」「ご挨拶」などがある。

○月○日（社外に）　送る　□

水曜日に、□□社に書類を**送らせていただく**予定ですが、社内のプリンターの調子が悪くなっております。
明日は出勤後に、総務部に修理依頼を出します。

Point
「送らさせて」と「さ入れ言葉」と間違いやすいので要注意！

敬語練習帳

月　　日（　）

○月○日（社外に）　教える　□

木村様からクレームをいただきました。
やむなくスケジュールを変更するに至った次第でございますが、しっかりと**ご説明**できるよう、問題点を再度見直します。明日、木村様のご自宅にお詫びの品を持参します。

Point
目上の人に「お教えする」では不愉快にさせる可能性があるので「ご説明」という表現を使おう。

○月○日（社外に）　頑張る　□

お客様より激励の言葉をいただきました。
明日は、**ご期待に沿えるよう**頑張ります。

Point
「頑張る」という言葉にひとフレーズ付け加えるだけで、頼りがいのある印象になる。

○月○日（社外に）　**衣服**　□

明日は朝から雪との予報が出ています。
オープニングパーティにいらっしゃるお客様の**お召し物**が濡れないよう、晴れになることを祈ります。

Point
和語（日本の言葉）には、「お」をつけると丁寧な表現になる。

○月○日（社外に）　**来てもらう**　□

稲垣様に**お越しいただく**時間に間に合うよう、
明日は早めに出勤する予定です。

Point
この場合は主語が「自分」のため謙譲表現の「いただく」を使う。ちなみに、主語が「目上の人」の際は、尊敬語の「くださり」で表そう。

○月○日（社外に）　**残念に思う**　□

香取様からいただいたご指摘は、弊社に関係のない問題でした。弊社といたしましては、関係各社と調整ができず困っています。
不本意でございましたので、しっかりとご説明する予定です。

Point
マイナスなイメージを抱く言葉は、言い換えるのが基本。

○月○日（社外に）　**書く**　□

来週は進行中の研究を報告します。報告書に弊社を代表して、意見を**書かせていただく**予定です。
わかりやすい文章になるように、要点を絞った文章を心がけます。

Point
「書かさせていただく」では「さ入れ言葉」の間違った表現になる。

○月○日（社外に）　**説明する**　□

お客様に**ご説明申し上げる**文章を考える必要があります。
購買意欲を高めるにはどの部分にスポットを当てればよいのか……悩ましいところです。

Point
「ご説明させていただきます」ではくどい印象になるので、「ご説明申し上げる」を使ってスッキリとした敬語に。

○月○日（社外に）　**寝る（相手が）**　□

木村様が**ご就寝なさる**頃にブランケットをお持ちしたいと思います。
お風邪を召されませんように、私たちが注意しなければなりません。

Point
同様に「お休みになる」という尊敬語も使える。

○月○日（社外に）　人と出会う　□

明日は中居様にはじめて**お目にかかる**日です。お電話をいただいてからお会いできる日を心待ちにしておりました。お待ち合わせの時間の前に、東京駅で手土産を購入する予定です。

Point

「会う」の謙譲語の「お目にかかる」も頻出敬語なので、しっかりマスターしておこう。

○月○日（社外に）　連絡をもらう　□

書類が到着した際は**ご一報ください**ますよう、メールをお送りする予定です。

Point

「簡単な知らせ」という意味の「一報」に、接頭語「ご」をつけて丁寧にした形。

〇月〇日（社外に）　　揃《そろ》う（お客様が）　□

お客様は17時に**お揃いになる**予定です。
その時間までに会場の準備をしなくてはなりません。

Point
人に対して「お揃いになる」という尊敬語はOKだが、品物に対しては使えないので注意しよう。

敬語練習帳

月　日（　）

COLUMN

～ MY DIARY のつくり方！～

ダイヤリー・手帳・ノート・日記帳などを購入して、「自分だけの日記」＝「MY DIARY」をつくってみましょう。

日記のタイトルを、「営業日記」「お客様記録ダイヤリー」「資格合格手帳」「クレーム集日記」「上司からのアドバイス日記」「部下への教育指導手帳」「ビジネスマナー発見日記」「転職成功までの150日手帳」「広島転勤日記」「東北ボランティア日記」「料理レシピフォト日記」「世界にひとつだけの日記2015上半期編」「闘病日記」「出産日記」「新婚日記」など、自分流に工夫してみると、自分だけのMY　DIARYがつくれます。

手帳やノート・日記帳だけではなく、ブログ、Facebookなどのデジタルツールを使ってMY DIARYを書いてみるのもよいでしょう。電車の中でも、カフェでも、時間・場所を選ばずに、日記が書けます！

第２章
毎日の敬語

毎日の生活で、
敬語を使うシーンは多々あります。
日々の人との出会いに感謝して、
敬語で日記を書いてみましょう。

FOR YOU DIARY編

――人との出会い・ご縁に感謝する敬語――

人と出会う ☑

✕ **「木村さんに会いたいと思います」**

〇 **「ぜひ一度お目にかかりたいです」**

〈例〉 木村部長にぜひ一度お目にかかりたいです。

解説 「会う」は「お目にかかる」と言い換えよう。「お会いしたい」では、気軽すぎるので注意が必要。

◎ **「お手すきの時間がございましたら」**

〈例〉 明日、木村部長のお手すきの時間がございましたら、ぜひ一度お目にかかりたいです。

解説 「忙しいあなたの時間があいていたら」を敬語で表現した形。相手を気遣う気持ちを入れた敬語を身につければ、好感度もUPする。

（相手が）会う　□

✕「この間、香取さんはウチの所長にお会いしていました」

○「お会いになる」

〈例〉　先日、香取さんは我が社の所長にお会いになりました。

解説　尊敬語と謙譲語をしっかり意識して書いてみよう。「会う」主体が目上の相手ならば、「お会いになる」の尊敬語で相手を高めなければ失礼になる。

◎「ご面識がおありになる」

〈例〉　香取さんは、我が社の所長とご面識がおありでした。

解説　「ご面識」という言葉を覚えれば、「我が社の所長とはご面識がおありでしょうか」など、手紙や電話でも上品な印象を与えられる。

敬語練習帳

月　　日（　）

……………………………………………………

……………………………………………………

……………………………………………………

……………………………………………………

……………………………………………………

……………………………………………………

あげる □

×「お土産《みやげ》があったので、あげました」

○「差し上げる」

〈例〉　お土産がありましたので、差し上げました。

解説　「与える」の謙譲語の「差し上げる」を使ってみよう。「物をもらってもらう」という意識を忘れずにいたい。

◎「よろしかったらいかがですか」

〈例〉　稲垣さんから「よろしかったらいかがですか」と、京都のお土産をいただきました。

解説　同様に「こちらいかがですか」や「どうぞ召し上がってください」も丁寧な言葉遣いで好感を持たれる。嬉しかったいただき物の内容も記しておけば、日記の中身も華やかになるだろう。

謝る（失礼を） □

×「知らずにすみません」

○「申し訳ない」

〈例〉　若輩者《じゃくはいもの》でご迷惑をおかけいたしまして、申し訳なかったです。

解説　「若輩者」は「自分が未熟である」という意味を持つ。

漢字でどのように書くかも日記に書くことで覚えやすい。

◎ **「認識不足」**

〈例〉　まったく私の認識不足でございました。明日、○○さんに陳謝する予定です。

解説　ちょっとした言い換えをすれば、「知らない」とストレートに言うよりも「言葉を知っている人」として周りの評価も上がるので覚えておきたい。

案内する □

× **「会社のほうへ案内しました」**

○ **「ご案内いたします」**

〈例〉　会社までご案内いたしました。

解説　「案内する」の謙譲語は「ご案内いたす」。「～ほうへ」を使用することは間違いなので意識しよう。

敬語練習帳

月　　日（　）

訪問する □

× 「中居さんの家まで行きました」

○ 「伺《うかが》う」

〈例〉 中居さんのご自宅まで伺いました。

解説 「行く」は最頻出ワードなので、尊敬語と謙譲語をしっかり押さえておけばよし。訪問先での想い出を書き残すことで、読み返して楽しい日記になる。

◎ 「伺わせていただく」

〈例〉 中居さんのご自宅まで、伺わせていただきました。

解説 「まいる」を使いがちだが、訪問先を高めたい場合は「行く」の謙譲語である「伺う」を使おう。

言う(相手が) □

× 「社長の言われた通りでした」

○ 「おっしゃる」

〈例〉 社長のおっしゃる通りでした。

解説 「言う」の尊敬語は「おっしゃる」。「言われた」では尊敬の対象が誤解されやすいので、「おっしゃる」を使えば安心。

◎「ご指摘の通り」

〈例〉 社長のご指摘の通りです。

解説　注意された時は、「ご指摘の通りです」と先に述べると相手に好感を抱かれやすい。日記に書くことで相手を尊重する気持ちを身につけよう。

敬語練習帳

月　　日（　）

敬語練習帳

月　　日（　）

いない □

× 「(社外から電話がかかってきて) まだ、課長は席にいないみたいです」と伝えました。

○ 「おりません」

〈例〉「ただいま、課長は席におりません」とお伝えしました。

解説 「おる」は「いる」の謙譲語にあたる。自社の人間に対しては、敬語は使わないのが基本。

◎ 「外しております」

〈例〉「15時まで、課長は席を外しております」とお伝えしました。

解説 電話の応対でも使える敬語。「〜しない」という否定語は使わない方が心証がよい。

いるか □

× 明日の集会のことで「奥さまはいますか？」と電話をした。

○ 「いらっしゃいますか」

〈例〉明日の集会の件で、「奥さまはいらっしゃいますか？」と電話をしました。

解説 「おる」は自分に対して使う謙譲語。「いる」の尊敬語「いらっしゃる」を使う。

◎「お願いできますか」

〈例〉　明日の集会の件で、「奥さまをお願いできますでしょうか？」とお電話差し上げました。

解説　相手を呼び出す際は、「呼び出してもらう人」にも敬意を忘れずにいたい。

敬語練習帳

月　　日（　）

....

....

....

....

....

....

....

敬語練習帳

月　　日（　）

....

....

....

....

受け取る(相手が) □

× 「明日、買ったお土産をもらってやってくれると嬉しいです」

○ 「お受け取りください」

〈例〉 明日、買ったお土産をお受け取りくだされば嬉しいです。

解説 「お受け取りになる」は「もらう」の尊敬語。「もらってやって」の表現はぶっきらぼうで失礼になるので注意しよう。

◎ 「お納めになる」「ご査《さ》収《しゅう》ください」

〈例〉 明日、このお土産をお納めくだされば幸いです。

解説 「お納めください」は口語で使える表現。同じく、「ご査収」もビジネスメールで頻出するので要チェック！

送る □

× 「書類をお送りさせていただきました」

○ 「お送りする」

〈例〉 書類をお送りしました。

解説 動詞に「させていただく」を直接つけるのは間違いなので注意しよう。

◎ 「送付させていただく」

〈例〉　書類を送付させていただきました。

解説　物品を送る場合は「送付させていただく」、手紙の場合は「差し上げる」がベストなので、使い分けよう。

教える □

× **「明日の社長の予定を教えました」**

○ **「ご説明する」**

〈例〉　明日の社長の予定をご説明しました。

解説　「ご説明します」と言い換えれば、相手を高めることができる。

敬語練習帳

月　　日（　）

教えてもらう □

×「先輩に教えてもらいました」

○「教えていただく」

〈例〉 先輩に教えていただきました。

解説 「教えてもらう」は「教えていただく」と表現する。日頃から敬語に慣れていれば、とっさの時に間違えない。

◎「お力添えをいただく」

〈例〉 先輩にお力添えをいただきました。

解説 「ビジネス用枕詞」を使い、相手をたてる表現方法。「相手の力を借りる」を意味する「お力添え」を使って品格を上げよう。

帰る（自分が） □

×「19時に、木村さんの家から帰りました」

○「失礼する」

〈例〉 19時に、木村さんのご自宅を失礼させていただきました。

解説 「失礼する」は様々な場面で使える表現方法。相手と別れる際に「失礼します」と言えることは社会人としてのマナー。

◎「お暇《いとま》する」

〈例〉　19時に、木村さんのご自宅をお暇しました。

解説　訪問先から帰ることは「お暇する」と表現できる。スッキリとした敬語が使えれば、敬語上級者の仲間入り。

敬語練習帳

月　日（　）

敬語練習帳

月　日（　）

帰る(相手が) □

✕「香取さんが何時に帰るか確かめておこうと思います」

◯「お帰りになる」

〈例〉　香取さんが何時にお帰りになるか確かめる予定です。

解説　「帰る」の尊敬語である「お帰りになる」を使うのがGOOD。

◎「お戻りになる」

〈例〉　香取さんが何時にお戻りになるか確認する予定です。

解説　「お戻りになる」は電話でも使える敬語。

書く □

✕「お祝いの文章を書きました」

◯「書かせていただく」

〈例〉　お祝いの文章を書かせていただきました。

解説　「書く」の謙譲語は「書かせていただく」。または、「作成いたします」と表現しよう。

借りる　□

× 「本をご拝借《はいしゃく》させていただきました」

○ 「拝借する」

〈例〉　本を拝借いたしました。

解説　「ご拝借」＋「いただく」は二重敬語なので使用しないこと。

◎ 「拝借できれば幸いです」

〈例〉　稲垣さんから本を拝借できれば幸いです。

解説　ビジネス文章を送る際に使えるフレーズなので、覚えておこう。

敬語練習帳

月　　日（　）

聞く（自分が）　□

✕「部長の昇進の噂を聞きました」

○「伺う」

〈例〉　部長の昇進の噂を伺いました。

解説　「聞く」に謙譲語は「伺う」。ちなみに「噂」という単語は、公然の話なら使用しても失礼ではない。

◎「お耳に入れておきたい」

〈例〉　明日、課長のお耳に入れておきたいことがございます。

解説　「聞いてほしい」は「お耳に入れておきたい」と言い直せば敬意を表せる。

聞く（相手が）　□

✕「課長は聞いたようです」

○「お聞きになる」

〈例〉　課長はお聞きになったようです。

解説　「聞く」の尊敬語は「お聞きになる」。日常会話で「聞く」という単語は頻出するので覚えておいて損はない。

気にする（相手が）　□

× 「中居さんには気にしないでもらいたいです」

○ 「お気になさらず」

〈例〉　中居さんが、お気になさいませんように。

解説　「気にする」動作の主体は相手なので「する」の尊敬語の「なさる」を使う。また、「なさりませんように」と「い」の部分を「り」にするのは間違いなので注意しよう。

◎ 「行き届いたお心配り」

〈例〉　中居さんの行き届いたお心配りに感謝いたしました。

解説　相手の配慮や気遣いに対して、感謝の気持ちで返せることが大人の表現でもある。

敬語練習帳

月　　日（　）

来てもらう □

× **「木村さんに家まで来てもらいました」**

○ **「お越しいただく」**

〈例〉 木村さんに自宅までお越しいただきました。

解説 「来てもらう」を敬語化すると「お越しいただく」と表現できる。

◎ **「ご足労《そくろう》願う」**

〈例〉 木村さんに自宅へご足労願いました。

解説 「来てもらう」の謙譲表現である「ご足労願う」を使って敬意を示そう。実際に言葉で伝える際は、相手への感謝の言葉も忘れるべからず。

着る（相手が） □

× **「香取さんの着ていたコートが、いい感じでした」**

○ **「お召しになる」**

〈例〉 香取さんのお召しになられているコートが素敵でした。

解説 「着る」の尊敬語は「お召しになる」。デパートなどの店員の言葉遣いも参考にできる。

◎ **「お召し物」**

〈例〉　素敵なお召し物です。

解説　相手の洋服を「お召し物」と表現すれば、上品な敬語へグレードアップする。

気に入る（相手が）　□

✕ **「昨日の手土産は気に入ってもらえたみたいです」**

○ **「お気に召す」**

〈例〉　先日の手土産をお気に召していただけたようです。

解説　「お気に召す」は「気に入る」の尊敬語。

敬語練習帳

月　　日（　）

来る（相手が） □

✕ **「わざわざ東京まで来てもらいました」**

◯ **「おいでいただく」**

〈例〉 わざわざ東京までおいでいただきました。

解説 「来てくれる」を敬語化すると「おいでいただく」と表現できる。

◎ **「お呼び立ていたしまして」**

〈例〉 わざわざ東京までお呼び立ていたしまして申し訳ないです。

解説 相手が足を運んでくれた時に使えるフレーズ。

断る（誘いを） □

✕ **「明日は都合で行けないです」**

◯ **「伺《うかが》えません」**

〈例〉 明日は都合があって、伺うことができかねます。

解説 「行く」の謙譲語は「伺う」。「できません」だと拒絶の意味が強いので、「〜いたしかねる」とソフトな表現にしよう。

◎「せっかくお誘いくださいましたのに」

〈例〉　せっかくお誘いくださいましたのに、明日ははずせない用事がありまして伺うことができかねます。

解説　頭にクッション言葉をつけることで、断りの文章も丁寧になる。「はずせない用事」と表現すれば、「（相手の誘いを）断りたくなかったが……」という意味もつけ足すことができるだろう。

敬語練習帳

月　　日（　）

敬語練習帳

月　　日（　）

ごちそうになる □

× 「稲垣さんにおごってもらいました」

○ 「おもてなしをしていただく」

〈例〉 稲垣さんにけっこうなおもてなしをしていただいて、感謝いたしております。

解説 相手の心遣いに、気持ちを込めて感謝することがマナーである。

◎ 「思わぬ散財《さんざい》をおかけいたしまして」

〈例〉 稲垣さんに思わぬ散財をおかけいたしました。

解説 ワンランクアップする敬語表現。社会人ともなると会食の場面も多くなるので、ぜひ覚えておきたい。

断る（任務を） □

× 「プロジェクトリーダーは私には無理です」

○ 「難しいと感じる」

〈例〉 正直申し上げますと、プロジェクトリーダーは私には難しいと感じます。

解説 やんわりとお断りすることで、次回からも誘われやすい雰囲気を作れるだろう。

◎「とてもその任《にん》ではございません」

〈例〉 私など、とてもその任ではございません。

解説　自分を下げて表現することで、感じよく断るテクニック。期待を込めて誘ってくれた相手の好意を無下にしないこと。

敬語練習帳

月　　日（　）

敬語練習帳

月　　日（　）

参考になる □

✕「中居さんのアイデアは参考になりました」

◯「大変勉強になる」

〈例〉 中居様のご意見は大変勉強になりました。

解説 目上の人に対して「参考になる」では、「役に立った」という上から目線になるので使うことは避ける。

質問する □

✕「企画書について、先輩に質問しました」

◯「質問させていただく」

〈例〉 企画書の件で、先輩に質問をさせていただきました。

解説 相手に質問する際は、「させていただく」を使ってきちんとした依頼をすること。

亡くなる □

✕「２日前に亡くなったと聞きました」

◯「お亡くなりになる」

〈例〉 ２日前にお亡くなりになったと伺いました。

解説　「お〜なる」をつけると、故人に向けた敬意を表せる。ナイーブな話題でもあるので、しっかりとした敬語を使おう。

◎「息をお引き取りになる」

〈例〉　2日前に息をお引き取りになられたと伺いました。誠に御愁傷様《ごしゅうしょうさま》でございます。

解説　最後に「誠に御愁傷様でございます」をつけて、より弔意《ちょうい》を示す。冠婚葬祭で敬語の使用は必須となる。

敬語練習帳

月　日（　）

敬語練習帳

月　日（　）

する（相手に） □

✕「すぐに用事をさせていただこうと思います」

○「させていただく」

〈例〉　大至急、させていただきました。

解説　「大至急」はビジネス敬語で使える単語なので押さえておこう。

◎「勝手ながらやらせていただきます」

〈例〉　勝手ながらやらせていただきました。

解説　何かを先走って済ませた際は、「勝手にしてしまったのですが……」と謙遜して表現する方が心証がよい。

知っている □

✕「木村さんは、知っているのだろうか」

○「ご存《ぞん》知《じ》」

〈例〉　木村さんは、ご存知でしょうか。

解説　「知っている」の尊敬語は「ご存知」。また、「知る」の謙譲語は「存じる」なので、間違えないようにセットで覚えよう。

知らない　□

× 「**私は無知だったようです**」

○ 「**認識不足**」

〈例〉　まったく私の認識不足でございます。

解説　「無知」を「認識不足」と言い換えて、自分の評価をなるべく下げないようにしたい。

◎ 「**若輩者《じゃくはいもの》**」

〈例〉　若輩者で申し訳ないです。

解説　「若輩者」は「自分が未熟である」という意味を持つので覚えておこう。

敬語練習帳

月　　日（　）

～する(自分が) □

✕ **「予約をキャンセルしました」**

○ **「させていただく」**

〈例〉 予約をキャンセルさせていただきました。

解説 「させていただく」は「する」の謙譲語。尊敬語と謙譲語を常に意識すれば、敬語をより早く身につけることができるだろう。

説明する □

✕ **「当日の段取りを説明しました」**

○ **「ご説明させていただく」**

〈例〉 当日の段取りをご説明させていただきました。

解説 「説明する」の謙譲語は「ご説明させていただく」。

揃《そろ》う(お客様が) □

✕ **「時間になり、皆さんが揃いました」**

○ **「お揃いになる」**

〈例〉 お時間になり、皆様がお揃いになりました。

解説　「揃う」の尊敬語は「お揃いになる」。「皆さん」は「皆様」、「お客さん」は「お客様」と言い換えること。

相談する　□

×　「明日の会議のことで、考えを相談したいです」

○　「ご相談する」

〈例〉　明日の会議の件でご相談したいことがあります。

解説　「相談する」に「ご」をつけるシンプルな敬語表現。

◎　「お考えを聞かせていただく」

〈例〉　明日の会議の件で、お考えを聞かせていただきたいです。

解説　自分を低めて敬意を表すパターン。実際に相談する場合には、要点をまとめ、相手に無駄な時間を使わせないようにしよう。

敬語練習帳

月　　日（　）

助けてもらう □

× 「ぜひ、協力してほしいです」

○ 「ご協力ください」

〈例〉　ぜひとも、ご協力ください。

解説　「ご～ください」で敬語化して、相手の協力を仰ぐ表現方法。

◎ 「お力《ちから》添《ぞ》えをいただく」

〈例〉　香取さんにはお忙しいところ申し訳ございませんが、お力添えをいただきたいです。

解説　上司に依頼する際は「お力添え」という言葉に変換しよう。また、「協力する」は対等な相手に使う言葉なので使い分けて。

食べる □

× 「食べました」

○ 「いただきます」

〈例〉　恐縮ですが、いただきました。

解説　会食の席で、いきなり食べ始めるのは失礼になる。必ずお礼を言ってから食べ始めるマナーを身につけよう。

◎「ごちそうになります」

〈例〉　遠慮なくごちそうになります。

解説　「遠慮なく……」と言葉を始めれば、食事をご一緒する感謝を込めたフレーズになる。

～できない　□

×「行き先の変更はできません」

○「いたしかねます」

〈例〉　行き先の変更はいたしかねます。

解説　「～できない」ではストレートな否定語となり、相手を不快にさせる可能性が。極力避けた方が無難。

敬語練習帳

月　　日（　）

連れてくる □

× 「稲垣さんを連れてきました」

○ 「お見えになる」

〈例〉 稲垣様がお見えになりました。

解説 「連れる」は「連行」をイメージさせるので先方に対しての印象はよくない。社外の人には「様」をつけることを忘れないように。

伝言する □

× 「部長に伝えておきました」

○ 「申し伝える」

〈例〉 部長に申し伝えました。

解説 伝言を受けたら、「申し伝えます」と伝えることで相手も安心できる。電話対応で押さえておきたい敬語でもある。

伝言を頼む □

✕「中居さんに伝言を伝えてほしいと思っています」

◯「伝言をお願いする」

〈例〉　中居さんに伝言をお願いしたく存じます。

解説　「伝言を伝える」では二重表現になってしまう。「お願いしたい」と表現すれば相手への敬意が伝わりやすい。

◎「おことづけをお願いする」

〈例〉　中居さんに、おことづけをお願いしたいと存じます。

解説　「伝言」を「おことづけ」と言い換えることで、よりソフトで美しい敬語になる。

敬語練習帳

月　　日（　）

寝る（相手が） □

× **「お疲れみたいなので、寝たみたいです」**

○ **「お休みになる」**

〈例〉 お疲れの様でしたので、お休みになりました。

解説 「寝る」の尊敬語は「お休みあそばす」。「お休みになる」を使うことで、日常会話に溶け込んだ敬語表現にしよう。

◎ **「ご就寝なさる」**

〈例〉 お疲れの様でしたので、ご就寝なさいました。

解説 「就寝」を「ご〜する」で丁寧に表すことができる。

乗る（相手が） □

× **「タクシーに乗って帰りました」**

○ **「お乗りになる」**

〈例〉 タクシーにお乗りになって帰られました。

解説 「乗る」の尊敬語は「お乗りになる」。普段使う単語を「どのように敬語にするのか？」を常に意識してみよう。

待つ（お客様を）　□

✕「バス停で、待っていました」

○「お待ちする」

〈例〉 バス停で、お待ちしておりました。

解説　「お待ちする」＋謙譲語の「おります」を使って敬意を表す方法。

◎「お待ち申し上げる」

〈例〉 バス停で、お待ち申し上げておりました。

解説　ビジネスで待ち合わせの際は、社名と名前を確認し、歓迎の言葉を添えよう。

敬語練習帳

月　　日（　）

見る（相手が）　□

✕「書類を見てもらいました」

○「ご覧になる」

〈例〉　書類をご覧になっていただきました。

解説　「見る」の尊敬語は「ご覧になる」。「見られる」も敬語だが、「ご覧になる」の方が聞こえがよいだろう。

◎「お目《め》通《どお》しいただく」

〈例〉　書類にお目通しいただきました。

解説　「お目通しいただく」は「見てもらう」の尊敬表現。「お目通しくださいませ」はビジネスメールで頻出するフレーズ。

見る（自分が）　□

✕「A社の資料を見せてもらいました」

○「見せていただく」

〈例〉　A社の資料を見せていただきました。

解説　「もらう」の謙譲語である「いただく」を使うことでより丁寧な表現に。

◎「拝見する」

〈例〉　A社の資料を拝見しました。

解説　「拝見させていただく」では二重敬語なので注意。「拝見する」は「見る」の謙譲語である。

迎える □

×「駅まで迎えに行きました」

○「お迎えにあがる」

〈例〉　駅までお迎えにあがりました。

解説　実際に出迎えた際は、「遠方よりありがとうございます」と感謝の言葉を添えよう。

敬語練習帳

月　　日（　）

迷惑をかける □

× **「迷惑をかけてしまいました」**

○ **「ご迷惑をおかけする」**

〈例〉 ご迷惑をおかけいたしました。

解説 「迷惑をかける」を「ご迷惑をおかけする」と表現し、謙譲語の「いたす」をつけて敬意を表す。

持つ（相手が） □

× **「明日、持ってきてくれるみたいです」**

○ **「お持ちになる」**

〈例〉 明日、お持ちくださるようです。

解説 「持つ」の尊敬語は「お持ちになる」。

◎ **「お持ちいただける」**

〈例〉 明日は、弊社のパンフレットをお持ちいただけるようです。

解説 「いただける」とつけ足して、さらに丁寧な表現にしてみよう。

持っていく（自分が）　□

✕　**「履歴書を持っていきます」**

○　**「持参する」**

〈例〉　履歴書を持参します。

解説　「持っていく」の謙譲語は「持参する」。「お持ちする」と「持参する」の使い分けを間違うと恥ずかしい。

敬語練習帳

月　　日（　）

敬語練習帳

月　　日（　）

もらう □

✕「木村さんの実家で、飲み物をもらいました」

○「いただく」

〈例〉 木村さんのご実家で、お飲み物をいただきました。

解説 「実家」や「飲み物」に「ご」や「お」をつけて丁寧語にすることで、物腰がソフトな自分を表現できる。不自然な敬語にならなければ○。

◎「頂戴《ちょうだい》する」

〈例〉 木村さんのご実家で、お飲物を頂戴しました。

解説 「もらう」の謙譲語は「頂戴する」。飲み物などを出してもらった際は、「遠慮なくいただきます」と言えると感じがよい。

休む □

✕「身内に不幸があり、お休みをもらいました」

○「休みをいただく」

〈例〉 身内に不幸がありまして、休みをいただきました。

解説 「休む」の主体は自分。だから、「お～」をつけると自分への敬意となる。

呼び出す　□

× **「香取さんに来てもらいました」**

○ **「お呼び立てする」**

〈例〉 香取さんをお呼び立ていたしました。

解説　「わざわざお越しいただきありがとうございます」などの感謝の言葉も覚えておけば損はない。

◎ **「ご足労《そくろう》いただく」**

〈例〉 香取さんに遠方よりご足労いただきました。

解説　「ご足労いただく」は「こちらに出向いてくれて」の意を表す。天候が悪い際は、「お足下《あしもと》の悪いところ……」とつけ加えてもGOOD。

敬語練習帳

月　　日（　）

読む □

× **「会議の資料を読みました」**

○ **「拝読《はいどく》する」**

〈例〉 会議の資料を拝読しました。

解説 「読む」の謙譲語は「拝読する」。「拝」は謙譲の意味を表している。

連絡をもらいたい □

× **「明日の 10 時までに、連絡をもらいたいです」**

○ **「ご連絡をお待ち申し上げる」**

〈例〉 明日の 10 時までに、ご連絡をお待ち申し上げます。

解説 あくまでも依頼する形を取って敬意を表すこと。

◎ **「ご一報《いっぽう》ください」**

〈例〉 明日の 10 時までに、ご一報くださると幸いです。

解説 「一報」は「簡単な知らせ」の意味。それに「ご～」をつけて、より丁寧にした形である。

連絡する □

✕「明日、こっちから連絡する予定です」

○「ご連絡差し上げます」

〈例〉　明日、こちらからご連絡差し上げる予定です。

解説　「差し上げます」と語尾につけると、より丁寧な敬語となる。

忘れる（相手が） □

✕「稲垣さんは忙しいので、忘れているのだろう」

○「ご失念」

〈例〉　稲垣さんはお忙しい方なので、ご失念かと存じます。

解説　「うっかり忘れる」という意味の「失念」に「ご」をつけて、失礼のない言い方に改めよう。

◎「ご多忙のため」

〈例〉　稲垣さんはご多忙のため、ご失念かと存じます。

解説　頭に「ご多忙のため」とつけると、相手を立てつつ要望を伝えられるので、覚えておこう。

FOR ME DIARY編

――自省・自分の内面と会話する敬語――

謝る（失礼を）　□

✕「悪いことをしてしまったので謝りたい」

○「申し訳ない」

〈例〉 失礼をして、申し訳ない気持ちでいっぱいです。

解説　「ごめんなさい」や「すみません」では謝罪のニュアンスが低いので、ビジネスではあまり使わない方がよい。

◎「お詫びの言葉もございません」

〈例〉 失礼をしてしまい、お詫びの言葉もございません。

解説　非常に丁寧な謝罪を表す際に使うフレーズ。誠意のある謝り方ができなければ、相手に幻滅されてしまうだろう。

言う　□

✕「いつもお世話になっているので、お礼を言いました」

○「申す」

〈例〉　いつもお世話になってばかりで、お礼を申しました。

　解説　「言う」の謙譲語は「申す」「申し上げる」。

◎ **「申し上げる」**

〈例〉　いつもお世話になってばかりなので、お礼を申し上げました。

　解説　「申し上げる」だと、さらに敬意が伝わりやすい。

忙しい □

× **「バタバタしていた一日でした」**

○ **「慌ただしい」**

〈例〉　慌ただしい一日でした。

　解説　「慌ただしい」を使えば大人っぽいフレーズになる。

敬語練習帳

　月　　日（　）

祝う □

× **「ご結婚おめでとう」**

○ **「おめでとうございます」**

〈例〉 ご結婚、おめでとうございます。

解説 「ございます」をつけると敬語表現になる。お祝いの気持ちを伝える代表的なフレーズなのでしっかり覚えよう。

◎ **「心よりお祝い申し上げます」**

〈例〉 ご結婚、心よりお祝い申し上げます。

解説 さらに「心よりお喜び申し上げます」「心からご祝福いたします」を使えば、自分も一緒に喜んでいることを表せる。

嬉しく思う □

× **「昇進の話があり、嬉しかったです」**

○ **「うれしゅうございます」**

〈例〉 昇進のお話があり、うれしゅうございます。

解説 「うれしい」を音変化した「うれしゅう」を使おう。より美しい日本語で大人っぽい表現になる。

◎「光栄に存じます」

〈例〉 昇進のお話をいただき、光栄に存じます。

解説　何かをしてもらい名誉に感じたら「光栄」を使おう。「立派な方に褒めていただき光栄に思う」と伝えれば、相手の立場を高めることができる。

敬語練習帳

月　　日（　）

敬語練習帳

月　　日（　）

思いつかない □

✕ 「私には、思いつきませんでした」

○ 「考えが足りない」

〈例〉 私には、考えが足りませんでした。

解説 「思いつかない」では頼りない印象を与えかねない。クレームを受けた時にも使えるフレーズ。

◎ 「考えが及ばない」

〈例〉 考えが及ばず、大変申し訳ないことをしました。

解説 「及ばない」という言い回しで、謙遜の意味をより強調することができる。

思う □

✕ 「私もそう思っています」

○ 「存じる」

〈例〉 私もそのように存じております。

解説 「思う」の謙譲語は「存じる」。使用頻度が高い単語なので、スラッと言えるようにしたい。

お礼を伝える　□

✕　「部長に教えてもらったからできました」

〇　「ご指導のおかげ」

〈例〉　部長のご指導のおかげです。

解説　また、「感心した」「参考になる」を使うと、相手を下に見ていると伝えてしまうことになるので注意しよう。

◎　「お力添えのおかげ」

〈例〉　部長のお力添えのおかげで成功いたしました。

解説　「ビジネス用枕詞」を使い、相手をたてる表現方法。かしこまって感謝を伝えることができる。

敬語練習帳

月　　日（　）

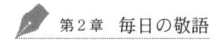

感謝する □

× 「〇〇さんの気持ちに感謝しています」

○ 「心よりお礼申し上げます」

〈例〉 中居さんのお気持ちに、心よりお礼申し上げます。

解説 「感謝します」では敬語になっていない。「恐れ入ります」も同様に使えるフレーズである。

◎ 「お気遣いいただき、恐縮《きょうしゅく》です」

〈例〉 中居さんにお気遣いいただき、恐縮です。

解説 相手の好意に対する感謝の気持ちを「お気遣いいただき」と表現する。「いつもお心にかけていただき」と言い換えても爽やかな表現に。

感謝する（ほめてもらって） □

× 「社長にほめてもらって、感謝しました」

○ 「おほめにあずかり」

〈例〉 社長におほめにあずかり、恐縮です。

解説 「おほめにあずかる」は、ほめてもらった時に使える定番のフレーズ。

◎「もったいないお言葉」

〈例〉　社長から、私にはもったいないお言葉を頂戴しました。

解説　「私にはもったいないお言葉です」は自分を低めて相手を敬う常套句《じょうとうく》。「もったいないお言葉をありがとうございます」も同様に使える。

敬語練習帳

月　　日（　）

敬語練習帳

月　　日（　）

頑張る　□

× **「明日からもっと頑張ります！」**

○ **「ご期待に添《そ》えるよう頑張ります」**

〈例〉　明日から、ご期待に添えるようにさらに頑張ります！

解説　「頑張ります」だけでは信頼感が低いので、「具体的に何を頑張るのか」をつけ加えればベスト。

◎ **「努力します」**

〈例〉　明日から、さらに努力します。

解説　目上の人に「頑張ります」は基本的に使えない。「鋭意努力いたします」も気持ちのこもった表現となる。

元気が出る　□

× **「木村さんの言葉で、元気になりました」**

○ **「励みになります」**

〈例〉　木村さんのお言葉が、励みになりました。

解説　「励みになります」と言える部下を上司は応援したくなるもの。「元気が出る」では幼い印象になってしまう。

◎「身に余るお言葉を頂戴いたしまして」

〈例〉 木村さんに身に余るお言葉を頂戴いたしまして、励みになりました。

解説　「ほめてもらうほどでは……」と自分を下げることで、相手を高めるテクニックを持った表現となる。

敬語練習帳

月　　日（　）

敬語練習帳

月　　日（　）

謙遜《けんそん》する □

× 「香取さんの気遣い、恐れ多いです」

○ 「恐縮《きょうしゅく》です」

〈例〉 香取さんの日頃のお気遣い、恐縮です。

解説 相手の親切に感謝を表す常套句。「恐縮」は依頼や感謝を表す際によく使われる。

◎ 「痛み入ります」

〈例〉 香取さんの日頃のお気使い、痛み入ります。

解説 「恐縮です」よりもさらに敬意を表現できる。奥ゆかしい表現を使えれば一目置かれることだろう。

困る □

× 「とても困っています」

○ 「困惑している」

〈例〉 非常に困惑いたしております。

解説 「困惑」という単語を使えば、切迫《せっぱく》した印象になる。相手へクレームを伝える際に使えるフレーズ。

◎ 「苦慮《くりょ》している」

〈例〉 どうしたものかと苦慮している次第でございます。

解説　敬意を込めつつ、「どうしようもない」状況を表す。角が立たない表現方法を身につければ、相手を動かしやすい。

敬語練習帳

月　　日（　）

敬語練習帳

月　　日（　）

残念に思う □

× 「本当に残念です」

○ 「不本意《ふほんい》でございます」

〈例〉 とても不本意でございます。

解説 「残念」を「不本意」と言い換えて大人びたフレーズにする。

◎ 「遺憾《いかん》に存じます」

〈例〉 はなはだ遺憾に存じます。

解説 「残念に思うこと」を表す「遺憾」という単語を覚えよう。「とても」を「はなはだ」と言い換えることもできる。

同意する □

× 「今日の稲垣さんの意見に同意しました」

○ 「ご意見に賛成です」

〈例〉 本日の稲垣さんのご意見に賛成です。

解説 他に「おっしゃる通りです」も同調に使えるフレーズ。

納得できない □

✕「あの話は、納得できませんでした」

○「納得しかねる」

〈例〉 あの話は、納得しかねます。

解説 「～できません」のフレーズは角が立つ言葉なので、ビジネス敬語では避けたいところ。「～しかねる」に言い直してソフトな表現にしよう。

敬語練習帳

月　日（　）

反省する □

× **「失敗してしまったことを反省しています」**

○ **「深く反省する」**

〈例〉 失敗を深く反省しております。

解説 「ます」を「おります」に変えると謙譲語になる。「反省」の頭に「深く」をつけ足して、より誠意を込めた表現にする。

◎ **「不徳のいたすところ」**

〈例〉 私の不徳のいたすところです。

解説 反省とお詫びを表現する際によく使われるフレーズ。失敗の原因が自分にあると謙虚さを伝えることも可能。

恥ずかしく思う □

× **「遅刻をしたことが恥ずかしかったです」**

○ **「お恥ずかしい限り」**

〈例〉 遅刻をしてしまい、お恥ずかしい限りです。

解説 さらに相手に誠意を伝える際は「今後、繰り返すことのないよう肝に銘じます」と言えれば信頼感がある。

◎「面目《めんぼく》次第《しだい》もございません」

〈例〉　遅刻の件は、面目次第もございません。

解説　恥ずかしくて顔も合わせられないという時に使えるフレーズ。

許してもらう　□

×「こんな結果になって、許してほしい」

○「お許しください」

〈例〉　このような結果になりましたことを、お許しください。

解説　「許す」の尊敬語は「お許しになる」。軽めの謝罪の意味を含んでいるので、使う場面に注意しよう。

◎「ご容赦《ようしゃ》賜《たまわ》りますよう」

〈例〉　何卒ご容赦賜りますようお願い申し上げます。

解説　「ご容赦」という許すことを意味する言葉を使って丁寧に詫びる言い方。命令口調にならないように文末を工夫しよう。

わかる □

✕「中居さんの事情は、わかりました」

◯「お察しします」

〈例〉　中居さんのご事情は、お察しします。

解説　「わかります」は、目上の人が目下の人に使う言葉なので使わないように。

わからない □

✕「私は、わからない」

◯「わかりかねる」

〈例〉　私では、わかりかねます。

解説　「しようとしてもできない」という意味合いを持つ「しかねる」を使う。

◎「判然《はんぜん》としない」

〈例〉　私では、判然としない点がございます。

解説　「判然」は「はっきりわかること」を意味する。漢字の書き方も同時にマスターしよう。

第3章
ビジネスシーンの敬語

社会人であれば、敬語が使えることは、
必須のビジネススキルです。
敬語をマスターして、
スキルアップしましょう。

挨拶

自己紹介

✕「はじめまして、香取剛です」

○「はじめまして。わたくしは、香取剛と申します」

解説　相手が名乗る前に、自分から名乗るようにしよう。

✕「よろしくお願いします」

○「どうぞよろしくご指導くださいませ」

解説　自分を下げて、謙虚に振る舞う姿勢を忘れない。

朝の挨拶

✕「おはよう」

○「おはようございます」

解説　しっかりとした挨拶ができることは、人としての基本。

自ら率先して挨拶しよう。

✕ **「休みはどうでしたか？」**

○ **「お休みはいかがでしたか」**

解説　休み明けに添える一言。ちょっとした言葉がけで、相手との距離を縮めていこう。

✕ **「遅れてしまいすみません」**

○ **「遅れてしまい申し訳ございません」**

解説　約束の時間に遅れてしまったら。理由を述べるより先に謝罪の弁を伝えよう。

敬語練習帳

月　　日（　）

社内での挨拶

　毎日のように使う以下のワードを、自然と口から出るようにしたい。
　会話の“間”を持たせる天気の話題については、なるべくバリエーション豊かな表現があればさらによい。

・「お疲れさま」　　　　→「お疲れさまです」
・「行ってらっしゃい」→「行ってらっしゃいませ」
・「お帰りなさい」　　→「お帰りなさいませ」
・「晴れてますね」　　→「よいお天気ですね」
・「雨ですね」　　　　→「あいにくのお天気ですね」
・「曇ってますね」　　→「はっきりしないお天気ですね」
・「春になりましたね」→「お花見の季節ですね」
・「夏になりましたね」→「暑さが厳しくなってきましたね」
・「秋ですね」　　　　→「めっきり涼しくなりましたね」
・「冬ですね」　　　　→「日増しに寒くなってきますね」

来客対応での挨拶

✕「約束してる人ですよね？」

○「失礼ですが、どちら様ですか？」

解説　代わりに「お約束をいただいておりますか」「どのようなご用向きでしょうか」と言い換えてもよい。

✕「木村課長を呼んできます」

〇「木村を呼んでまいります」

解説　敬語は、ウチとソトの使い分けがポイント。自社の人や家族を呼ぶ時は、敬称をつけないように。

✕「待たせましたね」

〇「お待たせいたしました」

解説　来客が来た時は、早急に対応したい。長時間待たせてしまった時は、「大変お待たせしました」と言えるようにすること。

✕「今日は呼び出して、すみません」

〇「本日はお呼び立ていたしまして、申し訳ございません」

解説　「呼び出す」の謙譲語である「お呼び立ていたしまして」を使って表現しよう。

社外での挨拶

✕「はじめまして」

○「初めてお目にかかります。お会いできて光栄です」

解説　社外の人には「はじめまして」よりも「初めてお目にかかります」を使った方が丁寧な印象になる。また、続けて何か一言を添えると話も弾みやすい。

✕「お疲れさまです」

○「お世話になっております」

解説　社外の人に対して「お疲れさま」は禁句。ビジネスメールでも注意しよう。

✕「お久しぶりです。お元気でしたか？」

○「ご無《ぶ》沙《さ》汰《た》しております。
ご活躍、かねがね伺っております」

解説　「お久しぶり」を使うと敬語が含まれないので注意。「あなたのことを忘れていませんでした」という意味のフレーズをつけ加える気遣いを忘れずにいたい。

× 「また今度」

○ 「また近いうちにお会いしたいと思います」

解説　次回お会いするのを楽しみにしているフレーズ。

× 「皆さんによろしく」

○ 「ご家族の皆様にも、よろしくお伝えくださいませ」

解説　相手に関係する人への気遣いが感じられるフレーズ。

敬語練習帳

月　　日（　）

外出の挨拶

✕ 「行ってきます」

○ 「行ってまいります」

解説　同僚など立場が同等の人には「行ってきます」も可。相手との立場の尺度に合わせて使い分けて。

✕ 「すぐに戻ってきます」

○ 「戻りは□時の予定です」

解説　外出する場合は「何時頃戻るのか」を伝えれば、他の人も対応しやすい。

✕ 「帰りました」

○ 「ただいま戻りました」

解説　自分宛の電話がかかってくる場合もあるので、戻った時はしっかりと挨拶しよう。

退社の挨拶

✕ **「帰りますね」**

◯ **「お先に失礼します」**

解説　まだ仕事をしている人がいる場合は、「申し訳ございませんが」と頭につけ加えるとベスト。

✕ **「明日は、少し遅れて会社に来ます」**

◯ **「明日は、□□へ立ち寄るため、**
△時に出社する予定です」

解説　退社する際も「ホウ（報告）・レン（連絡）・ソウ（相談）」を忘れない。

敬語練習帳

月　　日（　）

電話

電話を受ける

✕「はい、□□会社です」

◯「いつもお世話になっております。□□会社の木村吾郎でございます」

解説　同様の言葉で「お世話様です」があるが、こちらは“お疲れさま”の意味もあるので使わない方がよい。電話を取ったら「会社名＋自分の名前」を名乗ること。

✕「もう一回言ってもらえますか？」

◯「恐れ入りますが、お電話が遠いようでございます」

解説　相手の声が小さかった時や聞き取れなかった時は、「電話が遠い」という理由で聞き直そう。

✕「名前はなんておっしゃいましたか？」

◯「恐れ入りますが、もう一度お名前お聞かせ願えますか？」

解説　相手の名前を聞き直すことは失礼になるので、頭にクッション言葉をつけること。

✕　「ちょっと待ってください」

〇　「少々お待ちください」

解説　「少しだけ」相手を待たせると判断した時にこのフレーズを使おう。「ただいま替わります」「1、2分お待ちください」と伝えた方が相手にとって親切。

敬語練習帳

月　　日（　）

×「香取は席におりません」

○「あいにく香取は、席を外しております」

解説　「席を外している理由」の詳細を伝える必要はない。さらに、「こちらから折り返しいたしましょうか？」とかけてきてくれた相手を気遣おう。

×「伝言しましょうか？」

○「よろしければ、ご用件を承ります」

解説　相手が用件を話しづらい場合もあるので、「よろしければ」と切り出そう。

×「内容は～でよかったですか？」

○「復唱《ふくしょう》させていただきます」

解説　伝言を受けたら、必ず確認すること。電話応対で使う基本フレーズとして覚えておこう。

×「稲垣に言っておきます」

○「稲垣に申し伝えます」

解説　伝言を受けた際に、このように伝えれば相手に安心感を与えることができる。

✕ **「中居さんはお休みをいただいております」**

○ **「あいにく中居は休みをとっております」**

解説　「お休みをいただく」だとNG。「お休み」と「いただく」で身内に敬意を払った表現になってしまう。

敬語練習帳

月　　日（　）

敬語練習帳

月　　日（　）

電話をかける

✕「□□会社の木村です」

○「□□会社の木村吾郎と申します。
いつもお世話になっております」

解説　こちらから電話をかける時は、まずは名乗ること。相手が聞こえやすいように大きな声で落ち着いて話そう。自分の名前は必ずフルネームで伝えよう。また、部署名も伝えるとベター。

✕「香取さんはいますか？」

○「香取様はいらっしゃいますか？」

解説　相手の会社に同じ苗字が何人かいる可能性も。呼び出してほしい人のフルネームを、事前に確認しておこう。

✕「電話した内容なんですけど……」

○「今、お電話は大丈夫ですか？」

解説　こちらからかけた場合や相手の携帯電話にかけた場合は、相手の都合を聞くこのフレーズを忘れないように。

✕「また電話しますね」

〇「またあらためてお電話させていただきます」

解説　「折り返しますか？」と聞かれても、相当な急ぎでない場合はこちらからかけ直す旨を伝えること。

✕「電話もらったみたいで」

〇「気づかずに失礼しました」

解説　不在着信を折り返す際に使えるフレーズ。せっかくかけてくれた相手にまずはお詫びを。

敬語練習帳

月　　日（　）

会議

× 「質問はありますか？」

◯ 「質問がある方はいらっしゃいますか？」

解説　司会進行役が質問を促す際に使うフレーズ。

× 「早めにお願いできますか？」

◯ 「恐縮《きょうしゅく》ですが、手短にお願いします」

解説　残り時間が少ない時など「早くしてください」と伝えては失礼すぎる。クッション言葉を使うことで、相手を立てつつスムーズに進行していきたい。

× 「今は、△△だと思います」

◯ 「現在は、△△な状況でございます」

解説　さらに「６割は仕上がりました」「〇〇で難航しております」など、今の状況を正確に伝えたい。

✕ **「明日の〇時までに間に合うみたいです」**

○ **「明日の〇時までに間に合うとのことです」**

解説　把握できていることを説明する時は「～とのこと」、経過を報告する時は「～の次第」を使おう。

✕ **「誤解されてるみたいなんで、もう一度説明します」**

○ **「行き違いがあったように思いますので、あらためてご説明申し上げます」**

解説　誤解が起こった際は、「行き違い」という言葉を使って、ソフトな表現にしよう。

敬語練習帳

月　　日（　）

✕「えっと、今月の売り上げは予想の80%ですね」

〇「ご存知のこととは思われますが、
今月の売り上げは予想の80%です」

解説　「ご存知のこととは思われますが」という丁寧な前置きな言葉を使って、相手の気分を害さないようにしたい。

✕「困ったことに、あんまり進んでなくて……」

〇「実を申しますと、
プロジェクトはあまり進展しておりません」

解説　「実を申しますと」と事情を話すことで、相手に理解してもらえるように促す表現。

✕「そろそろ終わりにしようかと思います」

〇「本日は時間がございませんので」

解説　終了時間が迫ってきた時に使えるフレーズ。

✕「それじゃあ、また来週の会議で」

〇「本日は貴重なご意見ありがとうございました」

解説　会議の締めの言葉。参加者に感謝を伝えることで爽やかに終わらせたい。

敬語練習帳

月　　日（　）

敬語練習帳

月　　日（　）

営業

✕「稲垣さんは△日あいてますよね？」

◯「稲垣様の今週のご都合はいかがでしょうか？」

解説　アポイントメントを取る時は、相手の都合を最優先させてお願いすること。もし都合が合わない時には、以下のフレーズを使って対応しよう。
→「いつ頃でしたら、お時間いただけますか？」
→「こちらの都合で勝手を言わせていただき、申し訳ないのですが」
→「申し訳ございません。あいにくどうしても都合がつきませんので、他の日を頂戴できますでしょうか？」

✕「また来ますね」

◯「またあらためてお伺いします」

解説　訪問先の相手が不在でも、取り次いでくれた人にも敬意を示そう。最後に「よろしくお伝えください」とつけ加えても印象がよい。

×「うちの会社に決めてもらって、ありがたいです」

○「当社にお任せいただき、誠にありがとうございます」

解説　自社のことは「当社」と言い換えること。敬語と合わせて、頭を下げるなどのボディーランゲージをプラスすることで印象に残るだろう。

×「上司に相談してから、また話します」

○「一度会社に持ち帰りまして、
上司と相談させていただけますか？」

解説　目上の相手と会話する際は、決定権を相手に持たせるように会話を進めていこう。自分を低めることで、敬語もどんどんレベルアップしていく。

敬語練習帳

月　　日（　）

プレゼンテーション

× **「送った資料を見てください」**

○ **「お送りした資料をご覧ください」**

解説　相手の動作に対して敬語化する。謙譲語と尊敬語の使い分けに注意。

× **「説明します」**

○ **「ご説明申し上げます」**

解説　“相手に内容を説明する”場合は、相手にかかる動作となる。よって、「説明」に「ご」をつけ足して丁寧表現にしてOK。

× **「私はA案の方がいいんじゃないかと思いますけど」**

○ **「私はA案がいいと思います」**

解説　さらに、「なぜいいと思ったか」を続けてつけ加えれば説得力も増す。「A案の方が効果的」という言い方もしっかりとした印象を与える。

✕「暇《ひま》な時に見ておいてくださいね」

○「お手すきの時で結構ですので、お目《め》通《どお》し願います」

解説　「暇な時」と言ってしまうと相手を馬鹿にしている印象を与えかねない。賢く言葉を変換していこう。

✕「よい考えがあったら教えてくれませんか？」

○「恐れ入りますが、お知恵を拝借《はいしゃく》できないでしょうか？」

解説　アドバイスをもらいたい時によく使われるフレーズ。「借りる」をへりくだらせて「拝借」と表現しよう。

敬語練習帳

月　　日（　）

接待

× 「今度、食事しませんか？」

○ 「よろしければ今度、
お食事などご一緒にいかがでしょうか？」

解説　上司を接待で誘いたい時は、友達のように誘わないこと。「ごちそうします」も上から目線なので使わないようにしよう。

× 「今日は来てくれてよかったです」

○ 「本日はお忙しい中、
お越しいただきましてありがとうございます」

解説　本題に入る前に、時間を作ってくれた相手に感謝の意を示すこと。

× 「今夜は、どんどん飲んじゃってくださいよ」

○ 「今夜は、存分にお楽しみください」

解説　または、「おくつろぎください」も丁寧な印象を与える。

✕ **「課長はビールでいいですよね？」**

○ **「ビールと日本酒、どちらになさいますか？」**

解説　上司に対して気遣いを忘れずに。またお酌《しゃく》をする時は、序列の順番が基本なので覚えておきたい。

✕ **「社長は何をお食べになりますか？」**

○ **「社長は何を召し上がりますか？」**

解説　「食べる」の尊敬語は「召し上がる」。また、勢いで言ってしまいがちな「お召し上がりになられますか」も二重敬語なので注意しよう。

敬語練習帳

月　　日（　）

✕ **「たくさん食べてくださいよ」**

○ **「どうぞご遠慮なく召し上がってください」**

解説　「食べる」の尊敬語は「召し上がる」。「ご遠慮なく」と付け加えることで、相手への配慮が感じられる表現に。

✕ **「何か好きなものはありますか？」**

○ **「何かお好《この》みはございますか？」**

解説　「好き」を「お好み」、「ある」を「ございます」と言い換えて丁寧語にする。

✕ **「ビールを飲みます」**

○ **「ビールをいただきます」**

解説　「いただく」は「食べる」「飲む」の謙譲語。自分に対して尊敬語を使わないように注意しよう。

✕ **「今夜は、どうもありがとうございます」**

○ **「今《こ》宵《よい》はおもてなしに預《あず》かりまして、**
ありがとうございます」

解説　「あずかる」は敬意表現。「手厚いおもてなしに深く感謝しております」なども使える。

✕「**気をつけて帰ってくださいね**」

○「**お気をつけてお帰りください**」

解説　別れ際《ぎわ》の挨拶は相手の印象に残りやすい。ごちそうになった際は、「お言葉に甘えさせていただきます」と伝え、感謝の気持ちを示そう。

敬語練習帳

月　　日（　）

敬語練習帳

月　　日（　）

断る、叱る、謝る

断る

× 「今日は予定あるんですけど」

○ 「本日は外せない用事があり、ご一緒できかねます」

解説　「できない」ではなく「できかねる」とやんわりと断ろう。「ぜひ、また声をかけてください」とつけ足せば好感度も上がる。

× 「頼まれても困るんですよね」

○ 「申し訳ございません。明日までの仕事を抱えております」

解説　頼まれた用事を断る時に「困ります」は禁句。「お急ぎでしょうか」などと確認してから断ろう。

× 「二次会はパスでいいですか？」

○ 「このあと予定がありますので、これで失礼いたします」

解説　若者言葉を使わないように。欠席する簡単な理由も述べると角《かど》が立ちにくい。

✕ **「仕事が忙しいんで絶対に行けないと思います」**

○ **「仕事が立て込んでおりますので、
また機会がありましたらお誘いくださいませ」**

解説　ビジネスではハッキリと断る言い方は失礼な印象に。また、「忙しい」も「立て込んでいる」と伝えて、切迫《せっぱく》していることを表現しよう。

✕ **「中居さんへのアポイントメントはできません」**

○ **「申し訳ございません。
中居へのアポイントメントはいたしかねます」**

解説　相手がお得意様の可能性もあるので、やんわりと断ろう。勝手に自分で進めず、上司と相談しながら進めること。

敬語練習帳

月　　日（　）

× 「これ以上の値引きはできませんね」

○ 「このお値段はぎりぎりの線でございます」

解説　もしも売り手側が値引きする場合は、「勉強させていただきます」が常套句《じょうとうく》なので覚えておこう。

× 「すみませんが、この件はなかったことに」

○ 「不本意《ふほんい》ながら、この件は見送らせていただきます」

解説　「不本意」とつければ、「本当はそうしたくなかったが……」という意味を持たせることもできる。

叱る

× 「早く改善してください」

○ 「しかるべき対処を速やかにお願い申し上げます」

解説　「しかるべき」とは「ふさわしい・当然な」という意味。ちなみに漢字では「然る可き」と書くので念のため覚えておこう。

× 「困ってるんですけど、なんとかなりませんか？」

○ 「なにとぞご配慮をお願いします」

解説　抗議する時も相手への礼を欠かさないこと。こちらが丁寧に接すれば、相手も真摯《しんし》に受け止めてくれるだろう。

✕ **「なぜ連絡をくれないのでしょうか？」**

○ **「ご連絡をいただけない状況に、誠に困惑するばかりです」**

解説　こちらが困っていることを冷静に伝えよう。力任せに怒っているように感じさせない文章を心がけたい。

✕ **「しっかり説明してくださいよ」**

○ **「誠意ある回答をお待ち申し上げます」**

解説　または「責任ある回答をここに申し入れる次第です」も同じように使える。

敬語練習帳

月　　日（　）

× 「注意しておきますけど……」

○ 「今後の状況次第では、
なんらかの処置をとりたいと思います」

解説　改善がみられそうにないと判断した場合や、忠告したい場合に使われる。

× 「大きな問題になってますよ」

○ 「当社の信用にも関わる事態となっております」

解説　相手の問題意識が低い場合は、事態の影響度を示すのも手段のひとつ。具体的な事実などを正確に述べて、動いてもらえるように働きかけよう。

× 「これからは注意してください」

○ 「今後はくれぐれもご注意ください」

解説　問題が解決した後も毅然《きぜん》とした態度と相手を尊重する敬語が使えれば、相手も反省を深めることだろう。

謝る

✕　「ごめんなさい。すぐ直します」

○　「陳謝《ちんしゃ》いたします。早急に直させていただきます」

解説　「陳謝」は理由を述べて謝ること。「陳謝」に謙譲語の「いたす」をつけて敬語にする。

✕　「迷惑をかけてすみません」

○　「ご不快の念をおかけしました」

解説　クレームを受けた際に使いたい言葉。同じく「さぞご不快な思いをされたことと存じます」のフレーズもある。

敬語練習帳

月　　日（　）

✕ **「迷惑をかけてしまい、恥ずかしくてたまりません」**

○ **「恥じ入るばかりです」**

解説　「深く恥じること」は「恥じ入る」と表現する。「誠にお恥ずかしい限りです」も同様に使える。

✕ **「本当だったら、△△だったんですけど……」**

○ **「弁解の余地もございません」**

解説　相手に不快な思いをさせたら、言い訳をしないこと。まずはじめにお詫びの言葉を述べよう。

✕ **「私が悪かったので」**

○ **「私の至らなさが招いた結果です」**

解説　責任者として、ミスをお詫びする際に使われるフレーズ。自分の非を認め、素直に謝ろうとする姿勢が感じられる。

✕ **「（社内の先輩に対して）伏してお詫び申し上げます」**

○ **「ご指摘ありがたく受け止めます」**

解説　社内の先輩に堅苦しい謝罪をすると、逆に馬鹿にしている印象を与えることも。「ご助言くださり感謝しています」など相手との距離感で使い分けて。

×「またこんなことにならないように、気をつけます」

○「今後このようなことを繰り返さぬよう、肝《きも》に銘《めい》じます」

解説　「肝に銘ずる」とは、「強く心に留め、けっして忘れないようにすること」。反省していることをしっかりと伝えよう。

×「なんとか許してくれませんか」

○「ご容赦《ようしゃ》くださいますよう、お願い申し上げます」

解説　「許す」という意味の「ご容赦」を使う。「乱文乱筆、ご容赦ください」「売り切れの際はご容赦ください」などに応用可能。

敬語練習帳

月　　日（　）

押さえておきたい８つのポイント

敬語やビジネスマナーがよくわからないうちに、他社を訪問したり来客の対応をするのは、特に緊張する場面となります。あまり肩ひじを張らず、まずは笑顔で明るく、誠意を持って接することを心がけましょう。

また、あらかじめいくつかのポイントを知っておくだけでも気持ちが楽になり、場数を踏むうち、すぐ敬語もスムーズに出てくるようになります。ここでは、社会人として最低限押さえておきたい８つのポイントを、以下、述べます。

①挨拶をきちんとしよう

第一声のあいさつができるかできないかで、第一印象は大きく変わります。午前中の第一声は「おはようございます」。昼以降は状況に応じて「失礼いたします」や「お世話になっております」。他社や部屋への出入り、目上の人の前での行動は「失礼いたします」がセットとなります。そして、別れ際には「本日はありがとうございました」「今後ともよろしくお願い申し上げます」といった挨拶となります。

②「こんにちは」「さようなら」「ごめんなさい」は使わない

社会人になると、上記の挨拶は目上の人には使いません。「こんにちは」の代わりは、社外の人に対しては「お世話になっております」、久しぶりに会う時は「ご無沙汰しております」、社内の人であれば「お疲れさまです」など。「さようなら」は「失礼いたします」「ごめんくださいませ」などに。また、「ごめんなさい」にあたるのは、「申し訳ございません」「失礼いたしました」となります。

③挨拶と一緒に会釈をする

会釈は状況によって変わることも覚えておきましょう。日常の挨拶程度なら、軽く 15 度くらい上半身を傾けて頭を下げます。訪問先や来客時、感謝やお礼の意を表する時には、もう少し丁寧に 30 度くらい。迷惑をかけた時の謝罪や商談が成立した時は、最も深く 45 度くらいとなります。会釈の深さでそのことに対する敬意の深さが計られるのです。

④自分と上司・先輩の呼び方を覚える

自分のことは「ぼく」「おれ」「わ（あ）たし」とは言わず「わたくし」。上司に対しては「○○課長」「△△主任」など、名前の後に役職をつけます。ただし、社外の人に対して自分の上司のことを話す際は、役職や「さん」を一切つけずに名前だけで呼ぶので要注意。社外の人を呼ぶ時は「名前＋役職」、役職のない人には「様」をつけます。

しかし、役職の後にも「さん」や「様」をつけて「○○課長様」と呼んでいる企業もあるので、臨機応変に対応するのがよいでしょう。

⑤自分や社内の人について話す時は敬語を使わない

社外の人に話すとき、自分や社内の人に敬称をつけないことと合わせて、尊敬語を使わないことも初心者が間違えやすい点のひとつ。つい、丁寧に話そうとして「ウチの課長がおっしゃっていました」などと口をすべらせがちですが、自分と社内の人に関しては「謙譲語」、相手に対しては「尊敬語」と、使い分けを覚えておきましょう。

⑥「お」「ご」など丁寧語を多用しない

初心者の陥りやすい間違いのひとつに、丁寧に話そうとするあまり、やたらと「お」や「ご」を単語や動詞の前につけ、一文中に何度も重ねてしまうことがあります。これを「過剰敬語」と呼びます。その場合、文章の最後の部分だけを尊敬語や丁寧語を使って結び、前の部分の丁寧語は省くようにします。最後の結びとなる敬語が、前の部分にかかるとされるのです。

⑦「れる」「られる」の使い方に注意

尊敬語と受け身、可能の表現が同じ言い方になるため、「れる」「られる」は、混同しやすい言葉のひとつ。「わかりましたか？」を丁寧に言ったつもりで「おわかりになられましたか」と尋ねると、過剰敬語となるだけでなく、「理解できるのか？」と能力を問われたようで不快な印象まで与えます。

この場合は、「よろしいでしょうか」などの言い方に変えましょう。「話す」を「話される」と言うと、敬語とも受け身とも取れるので、尊敬語なら「おっしゃる」としましょう。

⑧頭で考えるより慣れることが大事

いきなり最初から間違いなく敬語を使いこなそうとするのは無理なこと。まずは、自分の身に起きそうな似た場面を想定し、書いて練習をしてみましょう。「明日は初めての他社訪問」などという日は、ぜひトライしてみてください。わからない時は、同期の新入社員などがいたら、一緒にゲーム感覚でシミュレーションしてみるのも手です。

「習うより慣れろ」が近道です。

第４章

時候の挨拶

お手紙、メールなどに
四季を感じさせるフレーズを
入れることにより、
四季の変化に触れつつ、
相手の近況を伺うこともできます。

書き出しの挨拶

新年、春、夏、秋、冬のそれぞれの季節の時候の挨拶の文例をご紹介します。四季の移ろいを表現するための文章力を磨きましょう。

【以下、記号の意味】
★……改まった言い方
☆……親しい間柄での言い方

新年

★ 謹《つつ》んで新春をお祝い申し上げます。
★ 旧年中は大変お世話になり、誠にありがとうございました。
★ 新春を寿《ことほ》ぎ、ご挨拶申し上げます。
★ 謹んで年頭のご挨拶を申し上げます。
★ 皆様ご壮健《そうけん》で、よき新年をお迎えのこととお慶《よろこ》び申し上げます。
★ 皆様お揃いで、おだやかな正月をお迎えのことと存じます。
★ 元旦にはご丁寧な年始のご挨拶をいただき、誠にありがとうございました。

春

★ 立春《りっしゅん》のみぎり、皆様にはお健やかにお過ごしのこととお慶び申し上げます。

※立春…2月4日頃

★ 寒明《かんあ》けのみぎり、皆様ご清祥《せいしょう》のこととお慶び申し上げます。

※寒明け…立春のこと

★ 余寒《よかん》の候《こう》、ご健勝《けんしょう》にてお過ごしのこととお慶び申し上げます。

※余寒…立春以降の寒さ

★ 余寒厳しき折、お元気にてお過ごしのこととお慶び申し上げます。

★ 早春《そうしゅん》の候、貴社愈々《いよいよ》ご隆盛《りゅうせい》の趣、大慶至極《たいけいしごく》に存じます。

★ 三寒四温の季節、皆様におかれましてはご健勝のこととお慶び申し上げます。

★ 春暖《しゅんだん》の候、貴社益々《ますます》ご繁栄のことと衷心《ちゅうしん》よりお慶び申し上げます。

★ 仲春《ちゅうしゅん》の候、皆様ご清祥のこととお慶び申し上げます。

※仲春…陰暦2月の別称

★ 春風《しゅんぷう》の候、ご健勝にてお過ごしのこととお慶び申し上げます。

★ 春分《しゅんぶん》のみぎり、皆様にはお健やかにお過ごしのこととお喜び申し上げます。

※春分…3月20～21日

☆ 庭の梅の蕾《つぼみ》がふくらんできました。そちらの春は、いかがですか。

☆ 拙宅《せったく》の枝垂《しだ》れ梅はもう満開です。春のご挨拶申し上げます。

☆ 立春とは名ばかりで、まだまだ寒い日が続いております。

☆ まだまだ余寒厳しい日が続きますが、いかがお過ごしでしょうか。

☆ 日差しにも春の訪れを感じるようになりましたが、いかがお過ごしですか。

☆ 梅の蕾も膨らみ、日中はいくらか寒さもゆるんで参りました。

☆ ようやく春めいて参りました。皆様、お元気ですか。

☆ 一雨ごとに暖かくなって参りました。皆様、お健《すこ》やかにお過ごしでしょうか。

☆ 桜の開花予報が気になる今日この頃、お元気でいらっしゃいますか。

☆ 桃の節句《せっく》を過ぎ、ようやく春めいて参りました。

☆ 春の風が快《こころよ》い季節となりましたが、お変わりございませんか。

☆ 日ごとに春の訪れを感じるようになりましたが、いかがお過ごしでしょうか。

☆ うららかな日差しがまぶしい今日この頃ですが、いかがお過ごしでしょうか。

☆ 旅立ちの春を迎え、日増しに暖かさを感じています。

☆ 花の宴たけなわの今日この頃、さぞご活躍のことと祝着至《しゅうちゃくし》極《ごく》に存じます。

☆ 花水木《はなみずき》を揺らす風もさわやかな季節です。花粉症は大丈夫ですか。

夏

★ 立夏《りっか》のみぎり、皆様お健やかにお過ごしのこととお慶び申し上げます。

※立夏…5月6日頃

★ 薫風《くんぷう》の候、貴社益々ご繁昌の由、心よりお慶び申し上げます。

★ 新緑の候、ご健勝にてお過ごしのこととお慶び申し上げます。

★ 若葉のみぎり、皆様ご清祥のこととお慶び申し上げます。

※若葉…5月前半頃まで

★ 青葉のみぎり、ご機嫌麗《うるわ》しくお過ごしのこととお慶び申し上げます。

※青葉…5月後半頃から

★ 初夏の候、皆様ご清祥のこととお慶び申し上げます。

★ 入梅《にゅうばい》の候、ご健勝にてお過ごしのこととお慶び申し上げます。

※入梅…6月11日頃。梅雨に入る日

★ 深緑の美しい季節、皆様にはお健やかにお過ごしのこととお慶び申し上げます。

★ 向暑《こうしょ》の候、貴社益々ご隆盛の趣、大慶至極に存じます。

★ 盛夏《せいか》の候、貴社益々ご発展のこととお慶び申し上げます。

★ 猛暑《もうしょ》の候、ご健勝にてお過ごしの趣、大慶至極に存じます。

★ 炎暑《えんしょ》の候、皆様ご清祥のこととお慶び申し上げます。

★ 長雨《ながめ》のみぎり、お健やかにお過ごしのこととお慶び申し上げます。

★ 大暑《たいしょ》のみぎり、皆様お元気にてお過ごしのこととお慶び申し上げます。

※大暑…7月23日頃

☆ 初夏の風がさわやかな今日この頃、皆様お変わりございませんか。

☆ 新緑の野山にさわやかな初夏の風。アウトドアが楽しい季節になりました。

☆ 夏めいて、半袖に着替えました。肩をよぎる風が心地好いです。

☆ 新緑の香りがすがすがしい季節になりました。いかがお過ごしでしょうか。

☆ 風薫るさわやかな季節となりました。お変わりございませんか。

☆ すがすがしい初夏の風に吹かれ、心もはずむ季節となりましたが、いかがお過ごしでしょうか。

☆ 青く澄み渡った空がすがすがしく感じる季節となりました。

☆ 爽やかな初夏を迎え、皆様お元気にてお過ごしのこととお慶び申し上げます。

☆ すがすがしい朝の空気にリフレッシュする今日この頃、皆様お元気にてお過ごしですか。

☆ うっとうしい梅雨の日々ですが、皆様お健《すこ》やかにお過ごしでしょうか。

☆ 梅雨はまだ序の口だというのに、真夏の暑さが続きます。皆様、お元気ですか。

☆ あじさいの色が美しく映える頃となりました。いかがお過ごしでしょうか。

☆ 長雨《ながめ》が続いておりますが　皆様におかれましてはお変わりございませんか。

☆ 木々の緑も益々その青さを増しておりますが、いかがお過ごしでしょうか。

秋

★ 炎暑の候、貴社益々ご隆昌《りゅうしょう》のこととお慶び申し上げます。

★ 立秋《りっしゅう》のみぎり、皆様お健やかにお過ごしのこととお慶び申し上げます。

※立秋…8月7日頃

★ 残暑の候、ご健勝にてお過ごしの由、大慶至極に存じます。

★ 秋暑《しゅうしょ》の候、皆様ご清祥のこととお慶び申し上げます。

★ 処暑《しょしょ》のみぎり、ご機嫌麗しくお過ごしのこととお慶び申し上げます。

※処暑…8月23日頃

★ 初秋《しょしゅう》の候、貴社益々ご清栄のこととお慶び申し上げます。

★ 新涼《しんりょう》の候、ご健勝にてお過ごしのこととお慶び申し上げます。

★ 秋色《しゅうしょく》の候、皆様ご清祥のこととお慶び申し上げます。

★ 秋分のみぎり、ご機嫌麗しくお過ごしのこととお慶び申し上げます。

※秋分…9月23日頃

★ 錦秋《きんしゅう》の候、貴社益々ご隆盛のこととお慶び申し上げます。

★ 紅葉の候、ご健勝にてお過ごしのこととお慶び申し上げます。

★ 菊花《きくか》の候、皆様ご清祥のこととお慶び申し上げます。

※菊花の候…10月中・下旬

★ 秋晴のみぎり、ご機嫌麗しくお過ごしのこととお慶び申し上げます。

★ 灯火《とうか》親しむの候、お元気にてお暮らしのこととお慶び申し上げます。

★ 晩秋《ばんしゅう》の候、貴社愈々ご隆盛の段、お慶び申し上げます。

☆ 立秋とは名ばかりの厳しい暑さが続いています。
☆ 残暑厳しき折ですが、いかがお過ごしでしょうか。
☆ 猛暑の毎日が続きますが、いかがお過ごしでしょうか。
☆ 夏も終わりに近づき、虫の声が聞かれる頃となりました。
☆ 秋まだ遠く、厳しい残暑が続いています。
☆ 朝夕はさすがに涼しくなりました。皆様、お元気でいらっしゃいますか。
☆ 秋の気配の深まりに安心しています。皆様、お健やかにお過ごしでしょうか。
☆ 街行く人の装いも、すっかり秋色です。
☆ お彼岸を過ぎてもまだ夏日が続いています。どうぞご自愛専一《せんいつ》にお過ごしください。
※秋の彼岸…秋分の日を中日とする前後７日間
☆ 朝の空気に、爽秋《そうしゅう》の気配が感じられる頃となりました。
☆ 今年は格別に残暑が厳しいようですが、お元気にお過ごしですか。
☆ 一雨降るごとに涼しさも増してきました。いかがお過ごしでしょうか。
☆ 残暑もようやく和らぎましたが、皆様には益々ご健勝のこととお慶び申し上げます。
☆ コスモスが風に揺れ、朝夕はしのぎやすくなって参りました。
☆ いよいよ食欲の秋本番。おいしい秋の味覚を堪能《たんのう》していますか。
☆ 野山の紅葉がとても綺麗です。皆様お元気でいらっしゃいますか。
☆ 菊の花が香る季節となりました。

冬

★ 立冬《りっとう》のみぎり、ご機嫌麗しくお過ごしのこととお慶び申し上げます。

※立冬…11月7日頃

★ 初冬《しょとう》の候、ご健勝にてお過ごしのこととお慶び申し上げます。

★ 小春日和の今日この頃、皆様お健やかにお過ごしのこととお慶び申し上げます。

★ 落葉《らくよう》の候、皆様ご清祥のこととお慶び申し上げます。

★ 師走《しわす》の候、貴社益々ご繁盛のこととお慶び申し上げます。

★ 歳末《さいまつ》の候、ご健勝にてお過ごしのこととお慶び申し上げます。

★ 寒風《かんぷう》吹きすさぶ季節、皆様すこぶるお元気の趣《おもむき》にて、祝着至極に存じます。

★ 初雪のみぎり、皆様お元気にてお過ごしのこととお慶び申し上げます。

★ 年の瀬のみぎり、皆様にはご機嫌麗しくお過ごしのこととお慶び申し上げます。

★ 初春《しょしゅん》の候、貴社益々ご発展のこととお慶び申し上げます。

★ 厳寒の候、ご健勝にてお過ごしのこととお慶び申し上げます。

★ 厳冬の候、皆様お元気にてお過ごしのこととお慶び申し上げます。

★ 大寒《だいかん》のみぎり、皆様にはご機嫌麗しくお過ごしのこととお慶び申し上げます。

※大寒…1月20頃

☆ いちょうの黄葉《こうよう》が冬の訪れを告げています。お久しぶりです、お元気ですか。

☆ 吐く息の白さに、秋の終わりを感じる頃となりました。

☆ 暮れ行く秋を寂しく感じる今日この頃、いかがお過ごしでしょうか。

☆ 朝夕冷え込む季節になりましたが、お元気にお過ごしでしょうか。

☆ 落ち葉が風に舞う季節となりました。

☆ 街路樹《がいろじゅ》もすっかり葉を落とし、ゆく秋の気配に寂しさを感じる季節となりました。

☆ 木《こ》枯《が》らしに落ち葉の舞う季節、皆様お元気でいらっしゃいますか。

☆ 木枯らしの吹く季節となって参りました。

☆ 日ごとに寒さがつのってまいります。

☆ 寒気厳しき折柄、慌ただしい師走となり、何かとご多用のことと存じます。

☆ 年の瀬の、寒さの身にしみる季節となりました。

☆ 寒《かん》に入り冷え込む毎日ですが、お元気でお過ごしでしょうか。

※寒の入り…1月5日頃

☆ 松の内も過ぎ、寒気ことのほか厳しい今日この頃です。皆様お元気でいらっしゃいますか。

※松の内…1月7日まで

☆ 一夜《いちや》明けると、庭木のこずえに冬の花が満開でした。

※冬の花…雪のこと

☆ 寒中美味《かんちゅうびみ》ありと申します。

※寒中…寒の入り(1月5日頃)から立春(2月4日頃)前まで

☆ 寒魚《かんぎょ》がおいしい季節となりました。

文末の挨拶

【以下、記号の意味】
★ ……改まった言い方
☆ ……親しい間柄での言い方

新年

★ 本年も変わらぬお付き合いのほどよろしくお願い申し上げます。
★ 今年のご多幸をお祈りしております。
★ 本年一年の、益々のご健勝とご繁栄をお祈り申し上げます。
★ 本年のより一層のご健勝とご活躍を、心よりお祈り申し上げます。
★ 本年もご多幸な年となりますよう、ご祈念いたします。
★ 本年もお健やかな一年となりますように。
★ 今年も変わりませずご交誼《こうぎ》を賜りますよう、お願い申し上げます。
★ 本年もよろしくご指導くださいますようお願い申し上げます。

☆ 本年もどうぞよろしくお願いします。
☆ どうぞこの一年がお健やかな年でありますように。
☆ お互いに実り多き一年になりますよう。

春

★ 立春とは名のみの寒さです。何卒ご自愛ください。
※立春…2月4日頃

★ 暦《こよみ》の上では春立ちぬと申しますが、寒気ひとしおです。どうぞご自愛ください。

★ 余寒厳しき折柄、何卒ご自愛専一に。
※余寒…立春以降の寒さ

★ 三寒四温の折柄、体調を崩されませんようご自愛ください。

★ 春暖快適の折柄、何卒お健やかにお過ごしください。

★ 若草萌えいずる季節を迎え、更なるご発展をお祈り申し上げます。

★ 景気回復も順調の折、貴社の更なるご発展を衷心より祈念申し上げます。

★ 陽光うららかのみぎり、貴店のご繁盛を心よりお祈りいたします。

★ 陽光うららかなる折柄、皆様のご健康とご活躍をお祈り申し上げます。

★ 桜《おう》花《か》爛漫《らんまん》のみぎり、心ゆくまでご観覧と花の宴をお楽しみください。

★ 天候不順の日もございます。くれぐれもご無理なさいませんようご自愛専一に。

★ 花《はな》冷《び》えの季節、どうか体調を崩されませんように。

★ 天候定まらぬ季節でございます。ご自愛専一に。

★ 花どきは気候も不安定ですので、お体を大切に。

★ 春爛漫を満喫なさって、ご活躍のほど、祈り上げます。

☆ 立春とはいえ寒い毎日です。どうぞご自愛ください。

☆ 余寒厳しき折から、お身体を大切になさってください。

☆ 季節の変わり目でございます。体調を崩されませんように。

☆ 寒さの戻りで冷え込むこともございます。体調を崩されませんように。

☆ 寒も明けて日一日と春の気配が深まります。皆様のご多幸をお祈りいたしております。
※寒明け…立春のこと

☆ 三寒四温の今日この頃、こまめに衣服を調節して、風邪など引かないようご注意ください。

☆ 春はまだ浅いながら、日増しに暖かくなってまいりました。

☆ 拙宅《せったく》の枝垂れ梅はそろそろ満開です。ひと足早く、春を愛でる宴《うたげ》などいかがですか。

☆ 何かと多忙な折、体調管理には十分にお気をつけください。

☆ 風がまだ冷たいですから、健康には十分注意してください。

☆ ここ数日、急に春めきましたが、まだ寒暖の差が激しい時期です。体調管理にはくれぐれもご注意ください。

☆ 夜の冷え対策はどうぞお忘れなく。

☆ 弥生三月、ステップアップの時。新しい任地で存分に活躍してください。

☆ 桜の便りもすぐそこまで届いています。ご自愛の上ご活躍のほど、祈り上げます。

☆ 春はもうすぐそこまできています。どうかお元気でご活躍ください。

☆ 春《しゅん》宵《しょう》一《いっ》刻《こく》値《あたい》千《せん》金《きん》。目標に向かって挑戦してください。

☆ 本日はお招きいただき誠にありがとうございました。○○様の益々のご活躍とご健康をお祈りいたしております。

夏

★ 向暑《こうしょ》のみぎり、ご自愛専一に。

★ 向暑の折から、皆様のご壮健をお祈りいたします。

★ 梅雨入りも間近なようでございます。ますますのご健勝をお祈り申し上げます。

★ 薫風《くんぷう》のみぎり、ご機嫌麗しく幸多からんことをお祈り申し上げます。

★ 爽やかな初夏のみぎり、皆様のご健康とご多幸をお祈り申し上げます。

★ 風薫る爽やかな折柄、皆様のご健勝をお祈り申し上げます。

★ 風薫る５月、皆様お健やかにお過ごしください。

★ 時節柄《じせつがら》、お元気でお過ごしくださいますようお祈り申し上げます。

★ 梅雨寒《つゆざむ》の日もめぐって参ります。くれぐれも風邪など召されませんよう、ご自愛専一に。

★ 梅雨の時期は冷える日もございます。お風邪など召されませんように。

★ 入梅《にゅうばい》の折柄、どうぞお健やかにお過ごしください。

★ 天候不順の折、何卒ご自愛専一に。

★ 梅雨寒の日もございますので、体調を崩されませんようご自愛ください。

★ 向暑のみぎり、皆様のご健康を心よりお祈り申し上げます。

★ 酷暑《こくしょ》の折、どうぞご自愛ください。

★ 猛暑のみぎり、ご自愛専一にお過ごしください。

★ 皆様、夏風邪など引かれませんよう、ご自愛ください。

★ 暑さ厳しき折柄、皆様のご健康を心よりお祈り申し上げます。

☆ すっかり夏めいてきました。体調管理に気をつけて、マイペースでいきましょう。

☆ 過ごしやすい季節ですが、あまり無理なさらぬようお祈り申し上げます。

☆ 間もなく梅雨入りかと思われます。体調を崩さないようお気をつけください。

☆ もうすぐ梅雨入りですね。体調管理に気をつけてお仕事に励んでください。

☆ 夏はもうすぐそこです。体調を崩されませんようお気をつけください。

☆ 蒸し暑い毎日ですが、どうぞお体お大事に。

☆ 毎日しっかりと栄養を摂《と》って、蒸し暑いこの時期を乗り切ってください。

☆ 梅雨明けが楽しみですね。お仕事が大変でしょうけど、元気でがんばってください。

☆ うっとうしい毎日ですが、雨に濡れた紫陽花《あじさい》がとてもきれいです。目の保養もお忘れなく。

☆ 梅雨明けまでもうしばらくかかりそうです。どうぞお体にお気をつけて。

☆ 心ふさぐような梅雨空ですが、何卒、お心お健やかにお暮らしください。

☆ 蒸し暑い日が続きます。本格的な夏をひかえて、くれぐれもご自愛くださいますよう、お祈り申し上げます。

☆ 夏の夜はつい寝不足になりがちです。お体、大切になさってください。

☆ 今年は例年にない冷夏です。お風邪など召されませんよう、くれぐれもご自愛ください。

秋

★ まずは残暑のお見舞いを申し上げました。 御地では朝夕はもう涼しいことと存じます。お風邪など召されませんように。

★ 立秋とは名のみの猛暑です。ご自愛専一にお過ごしください。
※立秋…8 月 7 日頃

★ 残暑厳しき折柄、くれぐれもご自愛のほどお祈り申し上げます。

★ 炎天おさまらぬ秋暑のみぎり、皆様のご健勝をお祈り申し上げます。

★ 晩夏のみぎり、皆様のご健康を心よりお祈りいたします。

★ 処暑《しょしょ》の折柄、ご機嫌麗《うるわ》しくお過ごしになられますようお祈り申し上げます。
※処暑…8 月 23 日頃

★ 残暑去り難き折柄、何卒ご自愛専一に。

★ さわやかな秋を満喫されますよう、お祈り申し上げます。

★ 皆様の秋が実り深いものになるよう、願っています。

★ 新涼の折、どうぞご健勝にてお過ごしください。

★ 秋色深まりゆく折柄、ご機嫌麗しくお過ごしくださいますようお祈り申し上げます。

★ 暑さ寒さも彼岸までと申します。爽やかな秋を迎えられますようお祈りいたします。
※秋の彼岸…秋分の日を中日とする前後 3 日間を合わせた 7 日間

★ 秋たけなわ、日々ご壮健にてお過ごしいただけますようお祈り申し上げます。

☆ もうしばらく残暑が続くようです。くれぐれもお元気で。

☆ 今年の暑さは例年に増して長く厳しく残るようでございます。皆様くれぐれもお体をご大切に。

☆ 夏の疲れが出る頃です。どうかご自愛ください。

☆ 厳しい暑さが続いています。皆様お元気でお過ごしください。

☆ 今年の残暑も厳しそうです。体調管理にはくれぐれもご注意ください。

☆ 一雨ごとに涼しくなる今日この頃です。秋本番に向けて、夏の疲労回復に努めましょう。

☆ 夏の疲れが出やすい頃です。体調の変化にはどうぞご用心ください。

☆ 過ごしやすい季節になりましたが、くれぐれもご自愛ください。

☆ 爽やかな季節となり、益々のご活躍を期待しております。

☆ ご旅行に、レジャーに、行楽《こうらく》の秋を満喫してください。

☆ 朝夕もめっきり冷え込むようになりました。くれぐれもご自愛ください。

☆ 一雨ごとに涼しくなって参りました。風邪など引かれませんよう。

☆ 秋深まり、心穏やかに学業に邁進《まいしん》されますよう願っております。

☆ 行楽に、読書に、スポーツに、すばらしい季節でございます。どうか実り多い秋を過ごされますよう。

☆ 朝寒《あささむ》の折、お体に気をつけて。

冬

★ 夜寒《よさむ》の折、皆様のご健康を心よりお祈り申し上げます。

★ 向寒《こうかん》の折柄、体調を崩されませんようご自愛ください。

★ 深冷《しんれい》の候、ご家族の皆様のご健勝とご活躍をお祈り申し上げます。

★ 師走に向けて、お忙しい時期を迎えられることと存じます。ご自愛ください。

★ 天候不順の折、皆様のご壮健をお祈り申し上げます。

★ 小春日和の今日この頃、皆様お健やかにお過ごしください。

★ 黄葉鮮やかな季節、皆様のご活躍を心よりお祈りいたします。

★ ご多忙の折柄、どうぞご自愛専一に。

★ ご多忙の折、甚《はなは》だ恐縮ではございますが、取り急ぎ、お知らせ申し上げます。

★ 寒気厳しき折柄、ご壮健にてお過ごしください。

★ 年末に向けてご多忙な日々をお過ごしのことと存じます。くれぐれもお体を大切になさってください。

★ 気ぜわしい毎日ですが、体調を崩されませんよう、お祈り申し上げます。

★ 年の瀬を迎え何かとご多用の折、お体を大切になされて、よいお年を迎えられますようお祈り申し上げます。

★ ご家族お揃いでよい年を迎えられますようお祈り申し上げます。

★ 末筆にて恐縮ではございますが、ご一同様のご清栄をお祈り申し上げます。まずは寒中のお見舞いまで。

★ 寒さ厳しき折柄、お体くれぐれもお大事に。

★ 寒さ厳しい折、どうぞご自愛くださいませ。

☆ 先日、早くも木枯らし一号が吹きました。急な冷え込みに体調を崩さないようお気をつけください。

☆ いちょう並木がすっかり黄葉しています。風邪など引かれぬようお気をつけください。

☆ 街はもう冬の装いです。暖かくしてお過ごしください。

☆ めっきり寒くなりましたね。夜は暖かくしてお休みください。

☆ 慌ただしい時期ですが、病気と事故にはくれぐれもご用心ください。

☆ めっきり寒くなりました。インフルエンザには特に気をつけて、ご自愛専一に。

☆ いちょう並木もすっかり葉を落とし、もう冬枯れの景色です。暖かくしてお出掛けください。

☆ 忘年会シーズンですが、ご無理なさらないで、どうぞお体を大切に。

☆ 例年になく、早くから雪が多くなっております。くれぐれもお体を大切に。

☆ 冬になって空気が乾燥しております。お風邪を引かれませんよう、ご留意ください。

☆ 松もとれましたが、厳しい寒さはこれからです。どうぞお体大切にお過ごしください。

☆ 厳しい冷え込みが続きますので、お風邪など召されませんようご自愛ください。

☆ まだまだ寒い日が続きます。風邪など引かれませんように。

☆ 真冬の寒さが続きます。寒鰤《かんぶり》、寒鱈《かんだら》、寒しじみなど、季節の味覚で精をつけてください。

＊文例＊

暑中お見舞い

暑中お見舞い申し上げます

今年の暑さはとりわけ厳しいようですが、いかがお過ごしでしょうか。

私は、最近は健康対策もかねて、朝のランニングをはじめました。

夏の朝は清々しく、走りやすい気温です。

夏休みに帰郷する際は、一度お伺いしたいと思っております。

くれぐれも御身、おいといくださいませ。

台風被害見舞い

一昨日の台風では御地が大きな被害を受けたとのニュースに、ご無事でいらっしゃるか心配しておりました。昨日、母より叔父様のお宅も床上浸水の被害を被ったと伺いました。

お電話を差し上げたのですが通じず、案じております。さぞや大変な思いをされたことと拝察いたします。

台風当日は小学校の体育館に避難されていたそうですが、お身体に障りはございませんか。

すぐにでも被災後のお手伝いに伺いたいところです

が、遠方ゆえそれも叶わず心苦しい思いでおります。
　ご入用のものなど、おありでしたら、すぐにお送りしますのでご遠慮なくお申し付けください。
　まずは取り急ぎ、書面にてお見舞い申し上げます。

お礼状

　師走に入り、寒さも本格的になりました。
　飯田さんには今年も大変お世話になり、ありがとうございました。
　いつも気にかけてくださり、感謝してもしきれないほどです。１年間、無事に過ごすことができたのも飯田さんのおかげです。
　何がお礼をできないものかと思っていましたが今日、雑貨屋さんで素敵な贈り物を見つけました。ゴールドの色をしたアンティークのブックマーカーです。飯田さんのイニシャルを刻印してもらいました。気に入ってくだされば嬉しいです。
　仕事納めまで、また忙しい毎日が続きますが、楽しい年末年始のお休みを過ごすために頑張ります。
　来年もどうぞ親しくお付き合いのほど、よろしくお願いします。

第５章

敬語の基本のおさらい

あらためて、
敬語の基本ルールを
おさらいしましょう。

◎敬語の働き

まず、敬語は対話においてどのような働きがあるかを考えてみます。

⑴自分より上位の人や優位の人の優越意識や自尊心を守り、相手との差や距離を調和し、相手の気持ちを調和し、相手の気持ちを「快」にして人間同士のふれあいや絆をつくる。

⑵あらたまった場所で、自分の品位を保ち、けじめのある発言にする。

以上の２つの働きがありますが、相手との調和を生み出し、品位とけじめをつくる言葉と考えてください。

◎敬語はどんなところで使うか

敬語は、次のような人に対してや、公的な場面で使います。

⑴年長者　……………………………………　父親、母親、先輩
⑵地位・立場の高い人　……………………　職場の上司、先輩
⑶能力・実力・キャリアのある人 …　学者、医師、作家、恩師
⑷恩恵・利益を与えてくれる人　……………　顧客、取引先
⑸面識があまりない人　…………初対面の人、たまに会う人
⑹公的な場で話す時　…………　会議の席、講義、スピーチ

◎敬語の種類

敬語には４つの種類があります。

⑴美化語

言葉のひびきを美しく飾り、自分の言葉を上品にきれいにする敬語です。

日本語は、世界の中でも最も美しいひびきのある言葉です。

これは、長い歴史の中で、どうしたら美しいひびきになるかを、先人が考え、言い伝えられたからとも言われます。

①具体的には言葉の頭に「お」「ご」をつけます。

（例）お茶、お酒、お菓子、お手洗、ご飯、ご門、ご神前

ただし、つけてはいけない言葉もあります。次のものにはつけないでください。

＊外来語　…………　おパーマ、おジュース、おコーヒー

※ビール、トイレにつける人がいますが正式にはつけません。

＊公共の建物　………………　お学校、お公民館、お会場

＊「お」で始まる言葉　…………………　帯、桶、甥《おい》、王様

※「帯」は「お」をつけたら「御《お》御《み》帯」に変わります。

＊反社会的な事物・人物　……　やくざ、どろぼう、被告

＊「お」をつけると意味が変わる言葉　………………　夜分

②言葉のひびきを上品にして美しい言葉にします。

（例）飯をくう　………………………………　ご飯を食べる

うまいくだもの　…………………　おいしいくだもの

腹　……………………………………………　おなか

(2)丁寧語

丁寧語とは、聞き上手に直接、敬意を表す敬語です。

①語尾を「です」「ます」「ございます」で括《くく》ります。

父です

帰ります

鈴木でございます

②よく使われている丁寧語の例

雨が降ってまいりましたね

東京には三越と申しますデパートがあります

そういたしますと、10日かかりますね

このあたりで、よろしいでしょうか

まったく存じません

承知しております

はい、かしこまりました

あちら（こちら）でお待ちください

客や上司や目上の人には、どんな場合でも、次にあげるダメな言葉は使わないでください。

（ダメな言葉）	（よい言葉）
そうだ	そうですね
そんなことねえよ	そのようなことはありません
それでさあ	それで
そうだね	そうですね
ビール？	ビールですか

(3)尊敬語

尊敬語とは、相手または、相手にかかわる物や出来事、行為状態に敬意を表す敬語です。

以下、普通表現を尊敬語にする仕組みを述べます。

内容は単純ですから覚えてください。

①付加体といって、普通表現の言葉の前後に言葉をつけて敬意を表します。

＊「お」「ご」をつける

……………………… お帽子、お洋服、ご意見、ご感想

※ご意見をお聞かせください

＊「お」「ご」～「になる」の形体にする

………………………………… お聞きになる、ご覧になる

※例の件、お聞きになりましたか

＊「お」「ご」～「くださる」の形体にする

……………………… お求めくださる、ご来場くださる

※ご来場くださいましてありがとうございます

＊「れる」「られる」の形体にする

………………………………………… 行かれる、来られる

※どちらから来られましたか

②転換体といって、言葉をそっくり変えて尊敬語にします。

（普通）	（尊敬語）
言う	おっしゃる
見る	ご覧になる
する	なさる
食べる	召し上がる
行く	いらっしゃる
来る	いらっしゃる
居る	いらっしゃる

(4)謙譲語

謙譲語とは自分や自分にかかわる行為や行動を謙遜し、低めることにより、相手を高め敬意を示す敬語です。

以下、普通表現を謙譲語にする仕組みを述べます。尊敬語と同様に内容は単純です。

①付加体といって、普通表現の前後に言葉をつけて謙遜し、敬意を表します。

＊「お」「ご」～「します（いたします）」
……………………… お話しいたします、ご説明します

＊「お」「ご」～「いただく」
………………… お買い上げいただく、ご乗車いただく

※ご乗車いただきありがとうございます

＊～「させていただく」………… 休ませていただきます

②転換体といって、言葉をそっくり変えて謙譲語にします。

（普通）	（謙譲語）
言う	申す
見る	拝見する
聞く	拝聴する、伺う、承る
する	いたす
たべる	いただく
行く	参る、伺う
来る	参る、伺う
居る	おる

◎人称・敬称のきまり

自分をさす言葉や、相手をさす言葉、第三者をさす言葉を人称といいます。この人称の使い方を間違うと、相手を不愉快にしたり、自分も恥をかきます。

また、呼ぶ時の敬称を間違うと常識知らずと思われたり、「失礼な人間」と、軽蔑されます。正しい人称・敬称の「きまり」を覚えましょう。

⑴自分のこと（自称）

①わたくし

…正式・公的な立場で話す言葉で、スピーチ・会議・正式訪問時などに使う。

②わたし

…自称の標準の形で、個人的に話す言葉。職場での対話、日常会話で用いる。

③僕

…学生用語。親しい間柄で使う言葉で、職場の先輩・友人・後輩に対して使う。

④俺

…ごく親しい間柄の人に使う言葉で、親友・プライベートの会話で用いる。

⑤小生《しょうせい》 ………………………… 手紙文で目下の人へ使う。

⑥自分 ………………………… 現代は、ほとんど使わない。

⑦手前 ………………………… 一部の商人・職人が使う。

(2)相手をさす言葉（二人称）

①さん ………………… 二人称敬称としての標準形です。

②様 …………………… 敬称としても最高の言葉です。

（例）皇族の方の「雅子様」「眞子様」

③君 …………………… 対等、それ以下の人に使う敬称。

④ちゃん ………………………… 愛称として使います。

⑤殿

… 手紙文では使う人がいますが、対話では使いません。

⑥あなた

… 敬称ですが自分と同等、それ以下の人に使います。

(3)第三者をさす言葉（三人称）

①あの方 ……………………………… 敬意のある三人称

②あの人　……………………………　対等の人の三人称
③あの者　………………………　蔑視・卑下した三人称
④氏　…………………………………　文書表現で使う敬称

(4)敬称

人称のところで「さん」「様」「殿」「君」については説明しましたから、参照してください。

「先生」　……………　恩師・指導的立場の人に対する敬称

※日頃、まわりの人から「先生」と言われている人には「先生」と言ってください。

「社長」「部長」「課長」「顧問」………………　役職の敬称
「大臣」「理事」「審議官」「警部」……………　役職の敬称
「新郎・新婦」　……………………………　婿・嫁の敬称
「関取」　………………………………　十両以上の力士の敬称
「師匠」　………………　学問・技芸など教授する人の敬称
「親方」　…　相撲の年寄り、料理人、職人のトップの敬称
「女将《にょしょう》」　………………………　料亭、旅館の女主人の敬称
「選手」　……………………………………　競技者の敬称
「コーチ」　……………………………　運動の指導者の敬称
「監督」
　…現場（スポーツ、映画、演劇、音楽など）の統率・指揮者の敬称
「マネージャー」　……………　職場における管理者の敬称
「博士」「教授」……　博士号、教授の地位にある人の敬称
「棟梁《とうりょう》」　………………………………　大工のかしらの敬称

＊文例＊就職活動のお礼状

株式会社さくら商事　人事部総務課長
木村剛様

謹啓
　貴社におかれましては、益々ご清祥のこととお慶び申し上げます。
　先日は、小生のために貴重なお時間を賜り、誠にありがとうございました。改めて深謝申し上げます。
　小生のＳ大学Ｍ学部の先輩でもある木村課長の現場の仕事の醍醐味、やり甲斐のお話を拝聴し、ますます貴社で働きたいという熱意が湧いてまいりました。特に、新規プロジェクトの「産学連携学食メニュー商品企画」の件は、貴社の経営ビジョンである「10年先の先見の明を持つプロになる」理念と一致し、大変共感いたしました。
　つきましては、貴社を就職活動での第一志望会社とし、木村課長のプロ魂を規矩準縄として、全力を傾注して尽力してまいります。
　それでは、引き続き、ご指導ご鞭撻のほど、何卒よろしくお願い申し上げます。

謹言

2016年2月10日
Ｓ大学Ｍ学部Ａ学専攻３年香取ゼミ　　稲垣正広

＊文例＊同窓会の開催告知

拝啓

　初夏の候、皆様には益々ご健勝のこととご推察申し上げます。高校を卒業し、30年の月日が流れましたが、いかがお過ごしでしょうか？　私は地元国立大学を卒業後、大学院に学び、Ｓ音楽大学などで非常勤講師として教鞭を執り、現在は母校Ｐ大学で准教授として、メディア社会学の研究などに取り組んでいます。

　さて、私たち卒業生有志は、先頃ご退職された中居拓哉先生を招いて、ささやかながら同窓会の開催を考えています。先生は現在、ご生家のある神奈川県藤沢市で農業を営み、主にトマトを作っていらっしゃるそうです。

　当日は高校生時代に戻って、楽しい一時を過ごしたいと思います。万障お繰り合わせの上、ご出席くださいますよう、よろしくお願い申し上げます。なお、出欠につきましては別紙をご覧ください。

　ここ数日、蒸し暑い日が続いています。

　お体にはお気をつけください。

敬具

平成27年6月5日

幹事　木村慎吾

著者略歴

大学専任講師（文章・コミュニケーション・マスコミ）、就活コンサルタント、作家。学生時代、26社から内定を獲得し、伝説となる。ベネッセコーポレーション編集部を経て、これまで全国28の大学で敬語・面接・文章講座の講師を担当し、年間３００コマを超える人気のカリスマ講師に。法政大学大学院にてキャリア教育、社会学を学ぶ。テレビ、ラジオ、新聞、雑誌などマスコミでも活躍中。10万部突破ベストセラー『敬語すらすらＢＯＯＫ』（成甲書房）など70冊以上の著書があり、日本初の「日記学」も研究。大妻女子大学、桜美林大学、奥羽大学、共立女子大学、神奈川大学、成城大学、東洋英和女学院大学、東北薬科大学、大東文化大学、日本大学芸術学部などで教鞭を執り、「行列のできる熱血講義」として学生に人気沸騰。学食日記も継続し、大学の学食メニューを商品化する。

・http://akira-dream.com

敬語《けいご》で日記《にっき》を書《か》いてみよう

——書《か》いて覚《おぼ》える敬語《けいご》練習帳《れんしゅうちょう》

二〇一四年十一月一三日　第一刷発行

著者　唐沢《からさわ》　明《あきら》

発行者　古屋信吾

発行所　株式会社さくら舎　http://www.sakurasha.com

東京都千代田区富士見一-二-一一　〒一〇二-〇〇七一

電話　営業　〇三-五二一一-六五三三　ＦＡＸ　〇三-五二一一-六四八一

編集　〇三-五二一一-六四八〇　振替　〇〇一九〇-八-四〇二〇六〇

装丁　アルビレオ

イラスト　つるおかのぶえ

協力　流石香織

本文組版　株式会社システムタンク

印刷・製本　中央精版印刷株式会社

ISBN978-4-906732-93-7